존 카밧진의

내 인생에 마음챙김이 필요한 순간

존 카밧진의

내 인생에 마음챙김이 필요한 순간

몸과 마음의 통증 완화를 위한 5가지 습관

존 카밧진 지음

안희영·김정화 옮김

Mindfulness Meditation for Pain Relief

Practices to Reclaim Your Body & Your Life

일러두기

이 책에서 소개하는 오디오 안내 명상은 존 카밧진 박사가 직접 명상을 유도하고 있으며, 한국어판은 국제공인 MBSR Teacher Trainer 안희영 한국MBSR연구소 소장이 녹음했다. 한국어판 오디오 안내 명상은 QR코드로 수록했다.

차례

들어가는 글

당신은 색채가 있는 그림과 글로 채워진 이 작은 책을 들고 진정한 자신의 본성과 만날 수 있는 세상으로 지금 막 들어가려고 하고 있습니다. 이 책은 지금까지 당신의 삶을 이루어 온 조건과 상황 그뿐만 아니라 그 너머까지 포함해서, 당신이 존재하는 것은 무조건 옳고 당신은 완전한 인간이라고 말하고 있습니다. 통증에 관한 책, 특히 만성 통증 상태에서 잘 사는 방법을 다루는 책을 찾는 사람은 그리 많지 않을 겁니다. 괴로움에 대해 무언가 직접 체험하지 않는 한, 그리고 자신의 삶 속에서 어렵고 절망적인 상황에서도 최대한 만족스럽게 사는 것이 얼마나 어려운지, 또한 이러한 어려움에 도전할 기회가 현재 순간에만 생긴다는 것을 이해하지 못하는 한 이런 책을 찾지 않을 것입니다. 이 책은 이런 수련 방법과 함께 괴로움을 이해하고, 도전적이고 힘든 상황에서도 온전하게 살아가는, 그 가능성의 세계로 들어가는 문을 열어 줄 것입니다.

이 세계로 들어갈 때 당신은 혼자가 아니라는 것을 알아두시기 바랍니다. 의료 및 수술적 치료가 맞지 않았거나 효과가 없었던 다양한 만성 통증 질환으로 진단을 받은 수천 명의 사람이 '마음챙김에 근거한 스트레스 완화(MBSR, Mindfulness-Based Stress Reduction)'를 통해 이 탐험과 모험을 함께 해왔습니다. 많은 사람이 이 방법을 통해 전반적으로 다양한 혜택을 받고 심오한 방식으로 삶을 회복하는 데에 지속적인 도움을 받고 있습니다.

명상 수련 및 삶의 방식으로서 마음챙김에는 불가피하고 필수적이며 독창적인 측면이 있습니다. 아무도 명상을 대신해 줄 수 없습니다. 스스로 내면 작업을 해야 합니다. 오디오 형식의 안내 명상과 함께 이 책은 모든 면에서 친절하게 지원하는 자료를 제공하며 내면을 탐색하고 그곳에 머물도록 상기시키고 안내하는 역할을 할 것입니다. 이것이 우리 모두의 삶에서 불가피하게 발생하는 도전과 시련에 부딪혔을 때 계속해서 나아갈 수 있도록 도움이 되기를 바랍니다. 또 이것으로 당신이 가장 중요한 것이 무엇인지 반복해서 떠올릴 수 있게 되기를 바랍니다. 특히 우리가 낙담하기 쉬운 순간에 말입니다.

가장 사라지기를 바라는 것을 **향해 마음을 여는 것(turn toward and open)** 이 세상에서 제일 어려운 일이라는 말은 결코 과장이 아닙니다. 원치 않는 것과 불쾌한 모든 것을 때론 불편하지만 친밀하게 받아들임으로써, 당신은 어떤 장애물과 마주치더라도 당신의 삶을 성장시키고 치유하며 삶에 변화를 가져올 공간이 항상 있다는 것을 발견할 수 있습니다. (앞으로 책을 읽어가며) 알게 되겠지만, 공식적이든 비공식적이든 마음챙김 명상 수련의 토대가 있습니다. 지금 이 순간에 알아차리는 것과 즐겁든 불쾌하든 혹은 둘 중 어느 쪽도 아닌 그저 그런 상태이든 간에 모든 경험을 환영하고 알아차림 속에 품는(수용하는) 것입니다.

하지만 마음챙김에는 엄격하고 지속적인 **명상 수련인 동시에 존재 방식**이라는 개인적인 측면을 넘어, 마음챙김 계발과 관련된 공동체에 관한 매우 현실적이고 필수적인 요소도 있습니다. 우리는 사회적 존재이며, 때때로 삶이 우리에게 던져주는 것들을 고려할 때 삶 전반에 걸쳐 의미 있고 성취감 있는 삶을 살기 위해서는 산소만큼이나 공동체가 필요합니다. 병원에서 이루어지는 MBSR 프로그램에서는, 환자들이 8주간의 수업에 참여하는 동안 자연스럽게 이러한 공동체가 형성됩니다. 여기에는 의학적 표준치료에 거의 효과가 없는 환자들이 주요 만성 통증 질환을 비롯해 다양한 진단을 받고 찾아옵니다. 이때 자신처럼 매우 어려운 질환을 앓고 있는 사람들로 이루어진 공동체의 일원이라고 느끼며, 우리는 혼자가 아니라는 사실을 깨닫게 됩니다. 또한 우리는 다른 사람들이 자기 삶에서 어떤 어려움을 겪으며 살아가고 있는지, 그리고 그들이 삶에서 마음챙김을 지속적으로 계발하며 크고 작은 승리를 거둔 사례들을 보면서 영감을 얻을 수 있습니다.

수십 년 전 MIT 대학원생 시절부터 개인적으로 알고 지내던 한 대학교수가 골수 이식을 앞두고 있었습니다. 그는 수술 때문에 병원에서 겪을 어려움과 장기간의 격리에 대비하기 위해 MBSR에 참여했습니다. 어느 날 수업 시간에 그는 그 방에 있는 모든 사람이 그가

'고통받는 이들의 공동체'라고 부르는 것에 속해 있다는 사실을 절실히 느꼈다고 했습니다. 그는 또한 교수 회의에서 동료들과 함께 있을 때보다 이 수업에 참여한 다른 환자들과 함께 있을 때, 훨씬 더 집에서와 같은 편안함을 느꼈다고 말했습니다. 그는 8주간의 MBSR 프로그램에 참여하던 어느 날, 출퇴근 시간에 보스턴의 혼잡한 지하철에서 사람들을 둘러보던 중 통렬한 깨달음을 얻었습니다. 훗날 그는 수업 시간에 그 사실을 말했습니다. 우리가 모두 '고통받는 이들의 공동체'의 일원이라는 사실을 깨달았다고 말입니다.

지난 45년 동안, 마음챙김을 수련하는 공동체는 기하급수적으로 성장하여 세계적인 네트워크가 되었습니다. 그러니 당신은 혼자가 아니라는 사실을 기억하시기 바랍니다. 그리고 고통과 삶에 최대한 대처하는 방법으로 고안된 이 책의 안내 명상을 시작할 때는 어느 정도 의도를 갖고 규율을 지키며 규칙적으로 해야 합니다. 이 수련은 '특별한 경험'이나 '특별한 마음 상태'를 만들려고 하거나 그것이 좋은 것이라고 하지 않습니다. 마음챙김 수련은 모든 순간, 몸과 마음의 모든 상태, 모든 순간이 시간을 초월한 바로 이 순간이 주는 특별한 권리임을 깨닫게 합니다. 아울러 '건강(health)', '치유(healing)', '신성(holy)'이라는 단어의 어원인 '온전함(whole)'을 이미 갖추고 있다는 것을 깨달아 우리 자신에게로 돌아올 수 있다는 것을 알게 해 줍니다. 우리가 도전해야 할 것은 자신이 아닌 누군가가 되거나 고통을 초월하거나 없애는 게 아닙니다. 오히려 자신의 본성이 누구인지, 자기 모습과 존재에서 느끼는 편안함이 얼마나 유익한지, 서로 돌봐주는 가족과 더 큰 세상 안에 **'속해(belong)'** 있는 게 얼마나 도움이 되는지 알아가는 것에 도전해야 합니다.

모든 종류의 트라우마를 치유하는 방법에 대해 다루고 있는 유명한 책●에서 주장하는 것처럼 실제 우리의 몸은 신체적, 감정적 고통을 정확히 기억하고 있습니다. 생각과 감정, 즉 마음속에서 완전히 길을 잃는 상황에서도 우리는 무의식적으로 감정적 고통과 상처를 몸에 지니는 경향이 있습니다. 이러한 이유만으로도 몸에 대한 마음챙김은 매우 좋은 시작점입니다. 그러나 여기에는 유쾌하든 불쾌하든 또는 둘 다 아니든 존재하는 **모든 것(whatever)**을 환영하고, 고통과 아픔과 상처가 아무리 힘들어도 자신의 전체적인 존재 차원보다는 훨씬 작은 것임을 발견할 수 있을 만큼 충분히 오래 알아차림 속에서 머무는 것이 포함되어 있습니다. 그 영역을 탐색하기 위해서 때로는 마음챙김을 수련하는 공동체뿐만 아니라 가족과 친구의 지속적인 지원과 사랑이 필요할 수 있습니다. 다행히도 지속적인 마음챙김 명상 수련을 위해 지금처럼 폭넓고 깊이 있는 자료가 제공된 적이 없었습니다. 이러한 자료는 광범위하게 퍼져 있고, 접근하기 쉬우며, 모든 면에서 다양합니다. 또한 마음챙김의 깊은 의미와 동일선상에서 그것들은 괴로움의 근본 원인이 무엇이든 알아차리고 이름을 붙이며,

● 베셀 반 데어 콜크의 저서 『The body keeps the score』를 말함(옮긴이 주).

그 괴로움의 다양한 측면과 형태에서 신정으로 해방될 수 있도록 지원하기 위해 최선을 다하고 있습니다.

어떤 종류의 트라우마와 관련된 고통에 관해서든, 다른 사람들이 알아차리지 못하고 안타깝게도 기관과 사회 전체에서도 종종 간과하는 상처와 피해의 고유한 요소가 있습니다. 공동체가 이를 알고 지원하는 것은 필수적입니다. 이제 인터넷을 통해 이러한 공동체를 손쉽게 찾을 수 있으며, 명상 수련을 지원하기 위해 제공하는 자원으로부터 혜택을 누릴 수 있습니다. 여기에서 제공하는 안내 명상에 참여하면서 고립감과 외로움이 느껴질 때는, 열린 마음으로 인간적인 연결과 연민을 필요로 하는 방식으로 자신과 같은 고통을 겪고 있을지도 모르는 사람들과 함께 교류할 수 있는 공동체를 찾아보시길 바랍니다. 온라인이나 병원에서 진행하는 마음챙김 명상 프로그램, 명상 센터나 공동체 등 일생일대의 여정을 함께할 다른 사람들을 찾을 수 있는 곳이라면 어디든 좋습니다. 이 책의 뒷부분에는 여러 가지 지원에 관한 자료가 있습니다.

1장

통증과 함께 살아가는 법

통증과 함께
살아가는 법

이 책을 손에 들고 있다면, 아마도 당신의 삶에는 어떤 식으로든 통증이 자리 잡고 있고, 그와 함께 신체적으로나 정신적으로 괴로움을 겪고 있을 것입니다. 그렇다면, 우리가 함께 시작하면서 두 가지를 명심한다면 도움이 될 것입니다.

첫째, 당신은 혼자가 아닙니다.

둘째, 쉽게 줄어들거나 사라지지 않는 통증과 함께 살아가는 법을 배울 수 있습니다.

수십만 명까지는 아니더라도 수만 명의 사람이 통증과 함께 살아가는 것이 일종의 미뉴에트•를 추는 것과 같은 과정임을 알게 되

• 17~18세기 유럽에서 유행한 춤의 일종으로 두 사람이 추는 3/4박자의 사교춤(옮긴이 주).

었습니다. 만약 당신이 자신의 인생이 펼쳐지는 방식을 전적으로 결정할 수 있다면, 이런 종류의 음악을 선택하지 않았을 수도 있습니다. 하지만 나는 당신이 여전히 훌륭하고 잠재적으로 매우 자유로운 방식으로 당신의 상황을 해결할 수 있다고 생각합니다. 특히 당신이 어느 정도 재미있고 탐구적인 실험을 기꺼이 하고, 당신만이 할 수 있는 지속적인 내면 작업을 하려 하고, 불쾌하고 원치 않는 경험이 펼쳐지는 과정에서 실제로 경험하는 것과의 관계를 재구성할 의향이 있다면 말입니다.

좋은 소식은 이 모험을 하는 방법에 유일한 정답은 없다는 것입니다. 요리책이나 독특한 조리법이나 만능 조리법도, 보편적인 방법도 없습니다. 모든 사람은 유일무이한 존재이며, 우리는 모두 살아가면서 언젠가는 어렵거나 도전적이거나 원하지 않는 일에 맞서 그것을 어떻게 극복하고 잘 살아갈지에 대한 자신만의 방법을 찾아야 합니다.

그러므로 당신이 직면하고 있는 특정 어려움을 포함하여, 당신이 가진 고유한 경험은 모두 마음챙김을 방해하거나 지속적인 마음챙김 수련으로 고통을 완화하는 데에 장애가 되는 것이 아니라 마음챙김을 하는 그 자체에 필수적인 요소가 됩니다.

이러한 태도라면 있는 그대로가 아닌 다른 것이 되라고 강요하지 않기 때문에 이 방법을 사용할 때 실패할 수가 없습니다. 우리는 단지 그것을 다르게 인식하는 방법을 배우고 있을 뿐입니다. 이 작은

모든 사람은 유일무이한 존재이며,
우리는 모두 살아가면서 언젠가는
어렵거나, 도전적이거나,
원하지 않는 일에 맞서
그것을 어떻게 극복하고
잘 살아갈지에 대한
자신만의 방법을 찾아야 합니다.

Everybody is unique, and
everybody ultimately has to
find their own way to live
and live well in the face of the
difficult, the challenging, and
the unwanted, which sooner or
later arise for all of us in life.

몸짓만으로도, 통증에 대한 경험과 그에 대한 우리의 관계는 크게 달라질 수 있습니다.

주의 기울이기의 힘

연구에 따르면 고통을 더 강하게 느낄수록 주의를 더 많이 기울이는 전략이 도움이 되고, 주의를 분산하는 전략은 덜 효과적이라고 합니다. 따라서 주의를 기울이는 것은 무시하는 것보다 훨씬 더 효과적입니다.

세계 최상급의 지구력 운동선수들은 이를 잘 알고 있습니다. 그들은 훈련받거나 대회에 참가할 때 모두 순간순간 자신의 감각 경험을 관찰합니다. 임상 연구에 따르면 만성 통증 상태의 환자가 MBSR을 훈련받을 때도 같은 원리가 적용된다는 것을 보여주고 있습니다. 다행히도 자신에게 주의를 기울이는 것은 배울 수 있는 기술입니다.

함께 춤추기

당신이 이 책을 가지고 있다는 사실 자체가 이미 이 내면 작업을 탐구하고자 하는 동기가 있다는 것을 의미합니다. 아마도 이런 동기를 가지게 된 것은 이전에 시도해 본 다른 선택이 어느 정도만 도움이 되었거나 전혀 도움이 되지 않았기 때문일 것입니다. 통증 때문에 삶의 질이 낮아지고 원하는 삶을 살아갈 수 있는 능력이 심각하게 저하된다면 그것만으로도 충분한 동기가 됩니다.

주의를 기울이는 것은
무시하는 것보다
훨씬 더 효과적입니다.

Tuning in
is far more effective
than tuning out.

마음챙김 명상이라는 수련이 MBSR에서 펼쳐질 때 '내면 작업'이라는 용어를 사용합니다. 하지만 사실 마음챙김은 열심히 노력하고 꾸준히 하는 것만큼이나 가볍고 재미있게 임할 수 있습니다. 실험적으로나 경험적으로나 이런 방식으로 접근한다면 마음챙김 수련은 일생의 모험이 될 수 있습니다.

음악이 항상 당신이 선택한 것이 아니더라도, 이 선택은 마치 실험이자 모험인 것처럼 춤에 몸을 던지라는 초대입니다. 실제로 여기에는 기회가 있는 동안 가능한 한 자기 삶을 되찾는 모험을 할 수 있는 잠재력이 존재합니다.

우리는 주어진 순간, 주어진 시간에 최선을 다해 그 전체 과정에 전념하지 않는 이상 무엇이 가능한지 알 방법이 없습니다. 다시 말해서 우리는 어떤 과정과 우리 자신에게 공정한 기회를 준 다음, 원하는 결과나 이상적인 결과에 집착하거나 강요하지 말고 어떤 일이 일어나는지 지켜봐야 합니다. 병원에서 MBSR 훈련을 받는 사람들의 경우, 평생 마음챙김 수련을 할 수 있도록 시작하는 데 8주라는 시간이 주어집니다. 따라서 적어도 이 정도의 기간을 염두에 두고 시작하면, 이 책과 그와 함께 제공되는 안내 명상에 참여하면서 자신에게 합리적으로 요구할 수 있는 것이 무엇인지 감을 잡을 수 있습니다.

궁극적으로, 삶 그 자체가 당신의 마음챙김 스승이 될 것입니다. 그리고 때로는 최악의 적으로 느껴지는 통증조차도 거기에 깊이 귀 기울이는 법을 배울 수 있다면 결국에는 스승이 될 수 있고, 궁극적으

때로는 최악의 적으로 느껴지는 통증조차도,
거기에 깊이 귀 기울이는 법을 배울 수 있다면
결국에는 스승이 될 수 있고,
궁극적으로는 당신의 동반자이자
친구가 될 수 있습니다.

The pain itself, which you
might sometimes feel is your
worst enemy, has the potential
to eventually become your
teacher and, ultimately, your
ally and your friend if you
learn to listen deeply to it.

로는 당신의 동반자이자 친구가 될 수 있다는 사실에 대해 탐구하려는 열린 자세를 유지할 수 있습니다.

자신의 삶 되찾기

우선, 단순히 주의를 집중하고 시간이 지나도 그것을 지속하면서, 낮이나 밤 어느 순간 자신이 경험하는 것에 조금씩 마음을 열어보는 실험을 해볼 수 있습니다. 이러한 능력, 특히 그로부터 발생하는 알아차림(awareness)은 타고난 재능이며, 항상 가지고 있는 내면 자원으로 언제든 활용하고 끌어낼 수 있습니다.

만약 당신이 MBSR 프로그램에 적어도 8주가 넘는 긴 시간 동안 전적으로 참여하여 마음챙김을 계발하려고 한다면, 마음챙김 수련에서 상당히 불편하고 낙담하는 상황이 벌어져도 당신의 삶으로 돌아가는 문을 효과적으로 열어줄 수 있습니다. 이러한 불편함은 장애물로 여겨지기보다는, 그 자체로 수련에 대한 새로운 에너지이자 동기부여의 원천이 될 수 있습니다.

그럼에도 불구하고 정말 솔직하게 말하자면, 이 모험은 저와 마찬가지로 당신도 어느 정도의 정기적 훈련이 필요합니다. 이 점을 바로 말하는 것은 중요합니다. 사실 우리는 우리 삶이 펼쳐짐에 따라 순간순간, 매일매일 일정한 방식으로 훈련을 받아야 한다고 말하고 싶습니다. 동시에 이런 종류의 훈련이 당신에게 새로운 것이 아니라고 장담합니다. 우리 삶에는 꾸준히 규율을 지키며 참여해야 할 것이 많습니다. 가정과 직장에서 매일 해야 할 일을 챙기는 것만으로도 우리가 규율과 꾸준함을 유지할 능력이 있다는 것을 증명할 수 있습니다. 자신을 돌보고, 잠재력을 발휘하는 여정 그리고 원하지 않지만 없앨 수도 없는 어려움 속에서도 잘 살아가는 법을 배우는 것과 관련해 인간에게는 본질적으로 이런 내면의 모험을 시작하는 데 필요한 모든 필수 요소가 이미 있다고 확신합니다.

잠시 멈춰서 그것에 대해 생각해 보면, 진정한 가치를 지닌 무언가를 이루기 위해서는 의심과 회의가 들더라도, 어느 정도의 꾸준한 노력과 결심이 필요합니다. 때로는 우리 자신의 잠재력을 훼손하거나 스스로 힘이나 선택권 또는 통제력이 없다고 말할 때도 말입니다. 사실 우리에게는 우리가 잘 인식하지는 못하더라도 무한한 정신적, 정서적 힘이 있습니다. 의료진을 포함하여 그 누구도 확실하게 통증을 완화해줄 수 없는 상황에서 의학적으로 완전히 효과적인 완화 방법이 없는 지속적이거나 일시적인 통증만큼 최소한 스스로 무언가를 시도하도록 동기를 부여하는 것은 없습니다.

따라서 수십 년 동안 병원에서 이루어진 MBSR 프로그램을 통해 만성 통증 질환을 앓고 있는 수천 명의 사람이 발견한 것처럼, 마음챙김 수련을 통해 짧은 기간이라도 열린 마음으로 호기심을 가지고 자신의 마음과 몸 그리고 삶에서 무엇이 가능할지 실험하려는 의지를 가지고 **자신의 고통에 관심을 기울이고 참여한다면(turning toward and engaging with your pain)**, 이는 이 여정을 시작하고 이러한 내

의료진을 포함하여 그 누구도
확실하게 통증을 완화해줄 수 없는 상황에서
의학적으로 완전히 효과적인 완화 방법이 없는
지속적이거나 일시적인 통증만큼
최소한 스스로 무언가를 시도하도록
동기를 부여하는 것은 없습니다.

There is nothing like unremitting
or episodic pain that medicine
does not have wholly effective
ways of mitigating to motivate
us to at least attempt to do
something for ourselves
when no one else, including
your health-care team, has
been able to reliably deliver
pain relief for you. . . .

마음챙김 수련을 통해
짧은 기간이라도
자신의 통증에 관심을 기울이고 참여한다면,
이는 이 여정을 시작하고
이러한 내면 작업을 수행할 때
기꺼이 받아들일 수 있는
매우 중요하고도 효과적인
전략이 될 수 있습니다.

Turning toward and engaging
with your pain through the
practice of mindfulness, even
for brief periods of time . . .
can provide a welcome,
critically important, and
effective strategy when
embarking on this
journey and undertaking
this interior work.

면 작업을 수행할 때 기꺼이 받아들일 수 있는 매우 중요하고도 효과적인 전략이 될 수 있습니다.

이러한 태도와 전략은 마음챙김을 수련하는 데 있어 학습의 지속적인 발전을 지원하며 신뢰할 수 있는 자원이 될 수 있습니다. 이러한 것을 명심한다면, 이 자원은 긍정적이고 새로운 동기를 부여하는 데에 믿을 만한 원천이 될 수 있습니다.

물론 인생에 어떤 보장도 없는 것처럼, 이 길에도 절대적으로 보장되는 것은 없습니다. 가장 중요한 것은 자신의 내적 동기, 처음에 이 일을 시작하게 된 계기, 그리고 규칙적으로 명상 수련을 꾸준히 하면서 앞으로 며칠, 몇 주, 몇 달, 심지어는 몇 년에 걸쳐 어떤 일이 펼쳐질지 지켜보겠다는 의지입니다. 당신이 잃을 게 무엇이 있겠습니까?

우리가 함께함에 따라, 당신은 고통과 괴로움 사이에는 큰 차이가 있고, 고통은 때로는 살아가면서 피할 수 없지만 고통과 어떻게 관계를 맺느냐에 따라 괴로움은 선택 사항이라는 사실을 발견할 기회가 많이 있을 것입니다. 다시 말해서 우리는 원하지 않는 것, 심지어 끔찍하고 깊은 상처와도 현명한 관계를 맺고 치유를 촉진할 수 있는 여러 가지 방법이 있는데, 이것을 '있는 그대로 받아들이기'라고 정의합니다. 이것은 통증이나 문제를 치료하거나 고치거나 사라지게 하는 것과는 매우 다릅니다. 현재 시점에서는 만성적인 통증 질환에 대해 의학적으로 실제로 해결하거나 치료할 방법이 거의 없습니다. 그

고통은
때로는 살아가면서 피할 수 없지만,
괴로움은
고통과 어떻게 관계를 맺느냐에 따라
선택할 수 있습니다.

Pain may be unavoidable
in this life at times, but
the suffering—in other
words, how we relate to
the pain—is optional.

러나 치유의 가능성은 언제나 존재합니다. 특히 마음챙김의 핵심인 현재 순간에 주의를 기울이는 법을 배운다면, 어느 순간이든 치유될 수 있습니다. 장기적으로 보면 그 순간들이 유쾌하든, 불쾌하든, 아니면 둘 다 아니든, 그 순간에 머물 수 있다면 모든 것이 달라질 수 있습니다. 이것이 자기 삶에 적용될 수 있다는 가능성을 즐길 수 있도록 하는 것 자체가 이 여정에 힘을 실어주는 결정적인 단계일 수 있습니다. 이러한 알아차림에 따라 때로는 통증에 대한 경험도 바뀔 수 있습니다.

당신이 직접 걸어보기 전에는 이 길에서 무엇이 나타날지 알 수 없습니다. 아마도 당신이 잃을 것은 거의 없고, 잠재적으로 얻을 것은 많으리라 추측해봅니다.

그러니 이 일생일대의 모험, 즉 지속적인 마음챙김의 계발이라는 독특한 모험에 오신 것을 환영합니다.

2장

문제의 핵심 파헤치기

문제의 핵심 파헤치기

마음챙김은 공식 명상 수련인 동시에 매 순간 삶이 펼쳐질 때 당신의 경험과 현명하게 관계 맺는 존재의 방식으로서 매 순간 깨어있고 알아차리는 것입니다. 이는 실제로 지속적인 발견을 하게 되는 모험입니다. 이 장에서는 비교적 생소할 수 있는 방식으로 주의를 기울임으로써 마음챙김 수련에 발을 들여놓도록 당신을 초대합니다.

먼저, 지금 이 순간 자신의 마음과 몸과의 관계를 관찰할 시간을 가질 수 있습니다. 만약 지금 이 순간 내면 풍경에 통증이 조금이라도 존재한다면 그것도 관찰할 수 있을 것입니다. 자신의 경험을 충분히 알아차리면서 무엇이 있든 간에 이 순간을 있는 그대로 접촉한다는 것은 어떤 것일까요? 이를 관찰하기 위해서 눈을 감고 있어도 되고 뜨고 있어도 됩니다.

바로 알게 될 한 가지는 내면으로나 외면으로나 모두 많은 일이 일어나고 있다는 것입니다. 예를 들어, 몸 안에서 느껴지는 감각의 세계와 이 순간 있을지도 모르는 내면의 고요함이나 깨어있음에 대한

자신의 경험을
충분히 알아차리면서
무엇이 있든 간에
이 순간을 있는 그대로 접촉한다는 것은
어떤 것일까요?

**What is it like to drop into
this moment as it is—however
it is—with full awareness
of your experience?**

감각을 알아차릴 수 있습니까?

지금 손에 들고 있는 책의 무게감, 표지와 안쪽 페이지의 질감, 색상 및 이미지 등 책의 느낌에 주의를 기울일 수 있습니까?[●]

지금 이 순간 방 안에서 나는 소리, 밖에서 들려오는 소리, 자연에서 들리는 소리 등 주변에서 들리는 어떠한 소리에도 귀를 기울여 봅니다. 무슨 소리라고 이름을 붙이거나 어디에서 나는 소리인지 궁금해하지 말고, 단순히 소리로서 듣는 것을 시도해 봅니다. 단순히 듣기(listening)만 하는 것이 아니라, 소리와 그 소리 사이의 공백까지 실제로 **듣는 것(hearing)**을 시도해 봅니다.

다음으로는 몸 주위의 공기에 주의를 가져가 봅니다. 이것은 귀로 들어오는 모든 소리를 전달하는 공기인 동시에, 당신이 숨 쉬는 공기입니다. 지금 이 순간, 피부와 몸 주위에서 공기를 얼마나 생생하게 감지하고 경험하고 있습니까?

이제 의도적으로 주의의 초점을 지금 이 순간 자신이 숨을 쉬고 있다는 사실로 옮겨 봅니다.

숨을 들이마실 때마다 공기가 자연스럽게 몸 안으로 들어오고, 숨을 내쉴 때마다 공기가 자연스럽게 몸 밖으로 빠져나가는 것을 알아차립니다. 우리가 의도적으로 관여하지 않아도 호흡이 밤낮으로

● 만약 디지털 기기에서 이 글을 읽고 있다면, 마찬가지로 무게, 질감, 색상, 이미지, 화면 밝기 등과 관련하여 느껴봅니다.

계속되기 때문에 실제로는 우리가 숨 쉬는 것을 아는 것보다 더 많이 숨을 쉬고 있습니다. 숨을 들이마시고 내쉴 때마다 호흡 감각이 어디에서든 어떠하든 그저 느낄 수 있는지 살펴봅니다. 매 순간, 호흡 하나하나를 온전히 알아차리면서 들숨과 날숨의 파도를 '타는' 실험을 해봅니다. …… 몸에서 호흡 감각이 가장 생생하게 느껴지는 곳은 어디입니까? 콧구멍? 가슴? 아랫배? 이런 식으로 매 순간, 호흡 하나하나에 주의를 기울이며 어떤 느낌인지 알아차려 봅니다. 원하는 만큼 오래, 그리고 원하는 만큼 자주 몸에서 호흡을 느껴보는 실험을 할 수 있습니다. 이것을 더 많이 할수록 당신의 몸에 더 익숙해지고, 몸에서의 호흡 감각과 편안하게 연결되고, 호흡 감각을 친구처럼 여기기가 더 쉬워집니다. 호흡은 항상 우리 곁에 있습니다. 호흡은 당신의 친구이자 지지자입니다. 심지어 호흡을 음미할 수도 있습니다.

이제 몸 전체를 알아차리면서 감각을 느껴봅니다. ……

앉아있든 누워있든 서 있든 몸 전체를 알아차립니다. 숨이 들어오고 나가는 것에 주의를 두고, 호흡으로 인해 생기는 몸의 감각을 알아차림으로써 호흡을 경험하고 있다는 것을 압니다. 어떤 방식으로든 강요하지 말고 주의만 두면서 이렇게 알아차림이 가능한지 알아봅니다. …… 알아차림 자체에 머물 수 있는지 살펴봅니다.

이런 식으로 참여하면서, 지금 이 순간 전혀 아프지 않은 신체 부위를 한 군데 골라낼 수 있는지 살펴봅니다. 그런 곳이 있습니까?

그렇다면, 그 특정 부위에서 통증이 **없다**는 것이 어떤 느낌인지 살펴봅니다. 순간적인 깨달음일 수도 있지만 중요한 깨달음일 수도 있는 이 발견 속에서 휴식을 취하며 몇 번 깊이 숨을 들이마시고 내쉬어봅니다. 만약 아무것도 떠오르지 않는다면, 그 자체를 알아차리며 '좋다'거나 '나쁘다'로 판단하지 않습니다.

이제 최대한 부드럽고 사랑스럽게 몸의 어느 부위가 아프다는 것을 알아차릴 수 있는지 살펴봅니다. 아주 잠깐 아주 가볍게 만지면서, 조금이라도 열린 마음으로 그 부위와 그곳에서 느껴지는 감각의 강도에 주의를 기울일 수 있는지 살펴봅니다. 통증이나 불편함의 물결에 잠시 발을 담그듯이 그 느낌에 주의를 기울여 봅니다. 그리고 다시 발을 뺍니다. 그 경험은 어떻습니까? 단지 아주 짧은 순간이라도 경험의 어떤 측면을 알아차리고 느낄 수 있다면, 당신은 이미 자신의 통증과 잠재적으로 치유할 수 있는 새로운 관계로 발전하기 위한 길에 들어온 것입니다. 더 중요하게는 자신의 몸과 마음과의 관계도 잠재적으로 치유할 수 있는 길로 잘 가고 있는 것입니다.

이 간단한 실험에 의심이 들고 실망스럽고 전혀 안심되지 않는다고 해도, 규칙적으로 이런 방식으로 주의를 기울이는 체계적이면서도 친절한 수련을 하면 불편함이나 통증이나 괴로움과 현명하게 관계를 맺을 수 있는 타고난 능력을 발견하고, 발전·심화시킬 수 있으며, 때로는 심지어 각각을 다른 것들과 구별할 수도 있습니다. 이러한 통찰력이 생기면 많이 불편한 상황에서도 더 편안하게 살아갈 수 있는 자유를 얻게 됩니다.

경험의 어떤 측면을 알아차릴 수 있다면
당신은 이미 자신의 통증,
더 중요하게는 자신의 몸과 마음과
잠재적으로 치유할 수 있는 새로운 관계로
발전하기 위한 길로
잘 가고 있는 것입니다.

If you were able to bring
awareness to any aspect of your
experience... you are already
well on your way to developing
a new and potentially healing
relationship with your pain
and, more importantly, with
your own mind and body.

[확장된 호흡 마음챙김 안내 명상은 soundstrue.com/mm-for-pain-relief-audio의 1번 트랙에서 확인할 수 있으며, 본문은 135~142페이지에서 확인할 수 있습니다.]

3장

마음챙김에 근거한 스트레스 완화

마음챙김에 근거한 스트레스 완화

만성 통증을 앓고 있는 사람들은 다양한 의학적 치료나 수술을 시도하지만 안타깝게도 결과가 긍정적이지 않은 경우가 많습니다. 그들은 의사나 통증 전문가로부터 종종 "통증과 함께 살아가는 법을 배워야 합니다"라는 말을 듣게 됩니다.

그러나 통증과 함께 살아가는 법을 배우는 데에 대한 실질적인 권장 사항은 무엇이며, 그 학습 곡선을 따라 시작하기 위해 일반적으로 어떤 종류의 지원이 필요한지 알려주지 않는 경우가 종종 있습니다. 하지만 앞서 언급했듯이, 1979년 매사추세츠 대학 의료 센터에 마음챙김에 근거한 스트레스 완화(MBSR: Mindfulness-Based Stress Reduction)클리닉이 설립되고, 이후 40여 년 동안 MBSR이 전 세계 병원, 의료 센터 및 클리닉으로 확산되면서 상황이 크게 달라졌습니다. 또한 마음챙김이 만성 통증 질환을 줄이는 데 효과적이며, 단기간의 공식적인 수련으로도 통증 경험을 유의미하게 조절하고 완화할 수 있다는 과학적 증거가 계속 증가하고 있습니다.

오늘날 전 세계적으로 그리고 온라인에서도 MBSR 프로그램을 이용할 수 있게 되면서, 통증 전문가와 기타 의료 전문가들은 만성 통증 환자들에게 "통증과 함께 사는 법을 배워야 합니다"라는 말에 다음과 같이 대단히 중요한 내용을 덧붙일 수 있게 되었습니다.

"그리고 그 학습 과정에 참여하고 배울 수 있는 마음챙김에 근거한 스트레스 완화(MBSR) 프로그램을 추천합니다. MBSR 프로그램은 마음챙김 명상과 일상생활에서의 적용을 체계적으로 훈련하여 지속적인 학습, 성장, 치유 및 변화를 위한 내적 자원을 확보하고, 통증을 없애기에 충분히 효과적인 의학 치료법이나 약물 치료법이 없는 비슷한 질환을 앓고 있는 다른 사람들과 함께 만성 통증을 친구처럼 대하고 조절할 수 있도록 도와주는 프로그램입니다."

처음부터 MBSR 클리닉은 여러 가지 통증 질환을 포함하여 만성 질환을 앓는 환자들에게 이러한 접근법이 어떤 역할을 할 수 있는지에 관한 과학적 탐구와 문서화에 기반을 두었습니다. 그리고 8주간의 프로그램이 진행되는 동안 환자의 결과에 관한 임상 지표를 추적 관찰하고, 프로그램이 종료된 후에도 최대 4년 동안 후속 연구를 진행했습니다.

그리고 8주간의 프로그램이 끝난 후에도 상당히 긍정적인 변화가 오래 지속되는 것을 확인했습니다. 일부 놀라운 사례에서는, 만성 통증 질환을 앓고 있는 환자들이 8주간의 MBSR 프로그램을 마친 후 최대 4년 동안 통증이 완화되었다고 보고했습니다. 이러한 연구는

MBSR은
괴로움의 요소를 크게 줄이고
통증의 정도와 약물 의존도도
상당히 감소시키는 방식으로
사람들이 통증과 함께
살아가는 능력을 향상시킵니다.

MBSR increases people's ability to live with pain in ways that significantly reduce the element of suffering, and often the degree of pain and drug dependency as well.

1980년대에 의학 저널에 발표되었습니다.

오늘날에는 다른 의료 센터, 클리닉 및 연구소에서 이러한 발견들을 활용하고 있는데, 일부에서는 뇌 영상 기술과 결합하여 신중하게 통제된 임상 시험에 활용하고 있습니다. 이러한 연구들은 MBSR이 괴로움의 요소를 크게 줄이고, 종종 통증의 정도와 약물 의존도도 감소시키는 방식으로 사람들이 통증과 함께 살아가는 능력을 향상시킨다는 것을 보여줍니다.●

수십 년간 선구적으로 매우 광범위하게 마음챙김의 임상 적용을 조사해온 연구자들이 계속 늘어난 결과, MBSR과 이를 모델로 한 유사한 프로그램들은 광범위한 적용이 가능하고, 의학 및 심리적 질환과 관련된 여러 만성적인 통증과 괴로움을 완화하고 이와 함께 사는 법을 배우는 데 도움이 된다는 명성을 얻었습니다.

만성적인 통증이나 암, 심장 질환 등 어떤 진단을 받은 환자가 오든 우리는 첫 대면 상담에서 "당신이 숨을 쉬고 있는 한, 무엇이 잘못되었든 당신에게는 잘못된 것보다 잘된 것이 더 많습니다"라는 관점을 제안하곤 합니다.

이러한 말은 특히 아프거나 불안한 상황에서는 받아들이기 어렵

● 최근 MORE(mindfulness-oriented recovery enhancement)라고 불리는 또 다른 마음챙김에 근거한 임상 프로그램은 만성 통증 상태에 있는 사람들의 오피오이드(opioid, 마약성 진통제-옮긴이 주) 사용과 남용을 극적으로 줄인다는 것을 입증했으며, 이는 마음챙김의 잠재적인 치유력을 극명하게 보여주는 것입니다.

당신이 숨을 쉬고 있는 한,
무엇이 잘못되었든
당신에게는 잘못된 것보다
잘된 것이 더 많습니다.

As long as you are
breathing, there is more
right with you than
wrong with you, no
matter what is wrong.

거나 의도하는 의미조차 이해하기 어려울 수 있습니다. 그러나 죽음을 문턱에 둔 경우라 해도 실제로 그렇습니다. 이것은 MBSR이 의학 외적인 기능을 수행한다는 의미가 아닙니다. 오히려 이것은 의학의 중요한 구성 요소입니다. 이것은 적절한 의학적 관리나 치료를 대체하는 것이 아니라, 환자가 어떤 의학적 치료를 받고 있든 아니든 그것을 보완하는 것이 목적입니다. 그리고 우리가 어디에 있든 그곳에서 시작하여, 더 나은 건강과 웰빙을 향한 우리 자신의 궤도에서 본질적 방식으로 참여할 수 있는 의료 제공자와의 협력 과정입니다. MBSR은 우리가 순간순간 알아차림의 형태로 '잘된' 부분에 에너지를 쏟아붓고 '잘못된' 부분은 나머지 의료진이 다루도록 하고, 8주 후에 어떤 일이 일어나는지 살펴보도록 설계되었습니다.

환자에 대해 우리가 헌신해야 할 것은 환자들이 안 좋은 부분에만 초점을 맞추기보다 주의를 기울이고 매 순간 열린 마음을 가지고 알아차림으로 실제로 여전히 좋은 부분을 인식하는 데 가능한 많은 에너지를 쓰도록 돕는 것입니다. 그 후 그들이 MBSR의 특징인 8주간의 마음챙김 수련에 참여하면서 어떤 일이 일어나는지 보는 것입니다. 특정 순간에 '안 좋은 부분'에만 집중하지 않고 경험의 전체 스펙트럼을 알게 된다면 가능한 일에 적극적으로 **참여**할 수 있습니다.

이를 통해, 당신의 상태와 관련된 통증이 그 자체로 하나의 우주이며, 강도와 지속 시간 모두에서 흥미로운 변화의 대상이 된다는 것을 발견할지도 모릅니다. 계속 수련을 하면, 이러한 통찰은 극도로 불

우리가 어디에 있든 그곳에서 시작하여,
더 나은 건강과 웰빙을 향한
우리 자신의 궤도에서
본질적 방식으로 참여할 수 있습니다.

We can participate in
essential ways in our own
trajectory toward greater
health and well-being,
starting from wherever
we find ourselves.

편한 경험을 지속적인 괴로움의 영역에서 자연스럽게 분리해 줍니다.

특정한 순간 그리고 우리의 개별적 상태에 관해 의학만이 어느 정도의 확신을 말할 수 있습니다. 그렇더라도 모든 종류의 만성 질환을 앓고 있는 수천 명의 사람들은 그 이상의 가능성에 열린 마음으로 관점을 넓히고 배우는 게 유익하다는 것을 발견했습니다. 그리고 우리가 짊어지고 가는(carry: suffer의 어근 fer는 가져오다, 운반하다의 뜻이 있다) 것에 어떻게 대처하며 살아갈지에 관한 선택이, 매 순간 펼쳐지는 우리의 삶에 얼마나 깊은 영향을 미치는지 배우는 것 또한 유익하다는 점을 알게 되었습니다.

이는 마음과 그 능력에 대해서도 마찬가지입니다. 예를 들어 우리는 모든 순간에 즉시 알아차림을 할 수 있습니다. 보이는 것, 소리, 냄새, 맛, 촉각, 신체 감각, 감정 또는 생각을 알아차릴 수 있습니다. 그리고 그 알아차림은 항상 가능합니다. 사실 알아차림의 대상이 되는 모든 것을 포용하면서도 그것과는 분리된 그 자체의 영역이자 능력으로 알아차림을 지켜볼 수 있다면, 어떤 대상이든 알아차림 속에서 다 포함하면서도 분리해서 볼 수 있다면, 알아차림 자체를 알게 됩니다. 의도적으로 주의를 집중하는 것은 알아차림을 향상하는 데 극적으로 도움이 될 수 있지만, 알아차림은 단순한 주의 집중(attention)이 아니라 다양한 마음챙김 수련을 통해 지속적으로 키워나가는 것입니다.

알아차림은
무한한 속성을 가지고 있습니다.
수련으로 우리 자신을 훈련한다면,
알아차림에는
위로하고 치유하는 놀라운 방식으로
경험 속에서 일어나는 어떤 것이든
포함하고, 받아들이고, 인식하며,
환영할 수 있는 능력이 있습니다.

Awareness has the
property . . . of being
boundless. . . . It has the
ability to include, embrace,
recognize, and (if we train
ourselves through meditation)
even welcome whatever
arises in experience . . . in
surprising ways that are both
soothing and healing.

실제로 마음챙김 자체를 순수한 알아차림이라고 생각할 수도 있습니다. 마음챙김은 습득할 필요가 없습니다. 마음챙김은 이미 당신 속에 있거나, 심지어 이미 당신이 마음챙김을 하고 있다고 말할 수도 있습니다. 어떤 경우에도, 마음챙김은 이미 당신 것입니다. 그리고 항상 사용할 수 있습니다. 그것은 특별한 것이 아닌 동시에 믿을 수 없을 정도로 특별합니다. 현재 순간에서 당신에게 가장 중요하고, 가장 두드러지고 가장 관련된 것에 주의를 기울이면 언제든지 마음챙김을 전면으로 끌어낼 수 있습니다.

그렇지만 알아차림은 여전히 과학적으로 궁극적인 수수께끼로 남아 있습니다. 알아차림은 우리 중 누구라도 관심을 가지고 바라보는 순간 즉시 관찰할 수 있으며, 중심도 주변도 없고 경계도 없는 무한한 속성을 가지고 있습니다. 그 본질이 무엇이든, 그것이 우리 안에서 어떻게 발생하든, 우리가 경험하고 있는 것을 알 수 있게 해주는 인간의 능력이 분명합니다. 이러한 앎은 단순히 인지적 또는 개념적으로 아는 것을 포함하지만 이를 훨씬 뛰어넘는 것입니다. 이러한 알아차림은 불쾌감이나 고통스러운 감각, 감정 또는 생각 등을 포함하여 경험에서 발생하는 모든 것을 포함하고, 포용하고, 인식하며 (명상을 통해 스스로 훈련한다면) 심지어는 치유와 위로가 되는 놀라운 방식으로 그것들을 환영할 수 있다는 것을 즉시 직접 확인할 수 있습니다.

이 길에서, 우리는 경험의 탐험가이자 발견의 수혜자가 될 수 있습니다. 이것이 당신이 여기에서 시작하는 모험입니다.

당신의 상태와 관련된 통증이
그 자체로 하나의 우주이며,
강도와 지속 시간 모두에서
흥미로운 변화의 대상이 된다는 것을
발견할지도 모릅니다.
계속 수련을 하면,
이러한 통찰은
극도로 불편한 경험을
지속적인 괴로움의 영역에서
자연스럽게 분리해 줍니다.

. . . the pain associated with
your condition is a universe
of its own, and subject to
interesting fluctuations in
both intensity and duration.
With ongoing practice, this
insight can naturally lead to
an uncoupling of experiences
of intense discomfort from the
domain of enduring suffering.

마음챙김 수련 과정은 인간이라면 누구나 가지고 있는 깊은 내면의 자원에 다가가고, 동시에 그 자원을 활용하는 것을 의미합니다. 앞서 언급했듯이, 이러한 자원은 학습과 성장, 치유, 변화를 위해 타고난 능력으로서 우리의 DNA 안에 들어있고, 우리의 놀라운 뇌와 몸, 가슴, 마음 안에 기반을 두고 있으며 인류와 자연 세상에 내재되어 있습니다.

삶을 치유하고 변화시키기 위한 우리의 모든 역량은 주의를 기울이는 능력과, 우리 존재의 제일 깊고 가장 놀랍지만 과소평가되어 있는 측면 중 하나인 타고난 알아차림 능력과 친밀감을 키울 수 있는 능력에 기반을 두고 있습니다.

이 내용과 함께 제공되는 안내 명상을 통해, 우리는 인간으로 태어나 이미 갖추고 있는 이러한 핵심 역량에 **접근**할 수 있는 능력을 개발하고 다듬는 데 초점을 맞출 것입니다. 안타깝게도, 최근까지는 이러한 역량을 개발하고 다듬는 공식적인 훈련이 드물었습니다.

그 이유는 아마도 우리 교육 체제와 문화가 생각을 너무 강조하기 때문일지도 모릅니다. 아이러니하게도 알아차림 능력은 사고 능력만큼이나 강력함에도 불구하고, 우리는 주의를 기울이는 방법이나 알아차림 속에서 휴식을 취하는 방법을 배운 적이 없습니다. 예를 들어, 우리는 마음만 먹으면 아무리 괴로운 생각이라도 떠오르는 생각에 쉽게 주의를 기울일 수 있고, 그 생각이 알아차림의 영역에서 일어나는 일시적인 사건이라는 것을 알 수 있습니다.

이상하게 들릴지 모르지만,
우리의 알아차림과
주의를 기울일 수 있는 능력에
통증과의 관계를 치유하고
변화시킬 수 있는
잠재력이 존재합니다.

. . . as strange as it may sound,
it is in our awareness and our
ability to pay attention that
the potential for healing and
transformation in relationship
to our pain resides.

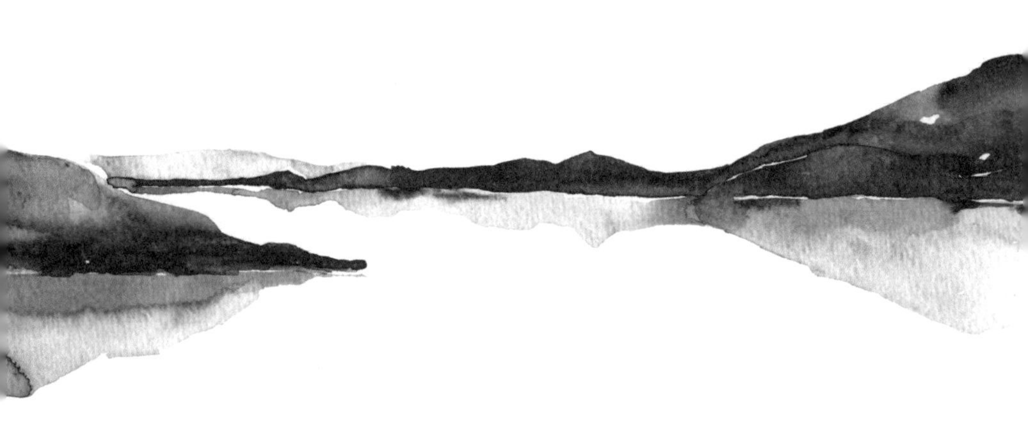

그렇다면 생각이란 무엇일까요? 우리는 모릅니다. 그러면 알아차림이란 무엇이며, 뇌의 신경 활동을 통해 어떻게 발생하는 것일까요? 이것도 우리는 알지 못합니다. 이는 이 시대에도 여전히 수수께끼입니다. 하지만 그래서 여러모로 안심이 되기도 합니다.

그런데 이상하게 들릴지 모르지만, 우리의 알아차림과 주의를 기울일 수 있는 능력에 통증과의 관계를 치유하고 변화시킬 수 있는 잠재력이 존재합니다.

그렇다고 해서 이 프로그램과 우리가 함께하는 모험의 정신에 비추어볼 때, 그것에 대한 내 말이나 그 어떤 것일지라도 당신이 그대로 믿기를 기대하거나 바라지 않습니다. 당신의 삶, 경험, 열망, 두려움에 관한 진정한 전문가는 바로 당신입니다. 운전석에 앉아있는 사람은 바로 당신입니다.

제 역할은 당신이 몸과 마음, 삶 그리고 관계가 지속적으로 제공하는 내외부의 모든 자원을 활용하여 스스로 이 영역을 탐색하는 법을 배울 때까지, 통증과 몸-마음과의 연결에 대해 우리가 알고 있는 과학을 기반으로 하는 지도를 사용하여 이 영역을 탐색하는 데 도움을 주는 것뿐입니다.

마음챙김은 순수한 알아차림

방금 살펴본 것처럼, 마음챙김은 순수한 알아차림이라고 생각할 수 있습니다. 실제로 마음챙김은 경험의 영역에서 일어나는 모든 것에

당신의 삶, 경험, 열망, 두려움에 관한
진정한 전문가는
바로 당신입니다.
당신이 바로
운전석에 앉아있는 사람입니다.

You are the real expert here—
the expert of your life, your
experience, your aspirations,
your fears. You are the
one in the driver's seat.

마음챙김은
경험의 영역에서 일어나는 모든 것에
지금 이 순간
의도를 가지고
비판단적으로
주의를 기울일 때
나타나는 알아차림입니다.

Mindfulness is the awareness that arises from paying attention on purpose in the present moment and non-judgmentally to whatever arises in the field of experience.

지금 이 순간 의도를 가지고 비판단적(非判斷, non-judgmentally)으로 주의를 기울일 때 나타나는 알아차림이라고 정의합니다.

여기서 새로 얻을 것은 아무것도 없습니다. 당신은 이미 알아차림에 관한 능력이 있습니다. 이는 생각하거나 숨을 쉬는 능력과 마찬가지로 인간 본성의 일부입니다. 사실, 이것은 항상 작동하고 있습니다. 당신이 그것을 알고 있는지는 다른 문제입니다. 그렇기 때문에 우리는 우리 자신의 알아차림에 **접근**하는 법을 계발하고, 정기적으로 찾아가는 법을 배우고, 반영구적으로 자리를 잡는 방법을 배우게 될 것입니다. 말하자면 우리가 이미 언급한 것은 알아차림의 가장 흥미로운 속성입니다. 즉 이것은 단순한 개념이 아닌 앎이라는 특성이 있는 무한한 광활함입니다. 내면적으로 스스로 조사해보면, 알아차림은 중심도 주변도 경계도 없다는 것을 즉시 알게 될 것입니다. 이것은 하늘과 같습니다. 혹은 오히려 우주와도 같다고 할 수 있습니다. 경험적으로, 그것은 무한합니다. 그것은 또한 앎입니다. 이는 생각한다는 것과는 다른 형태의 지성입니다. 더욱이 그것은 아무리 깊거나 넓은 생각이라도 담을 수 있을 만큼 충분히 큽니다. 과장하지 않고 여러 면에서 인간의 알아차림은 그 자체로 초능력이라 할 수 있습니다.

경험과의 관계에서는 알아차림을 통해 자유롭게 변화될 수 있는 요소가 많아집니다. 우선, 알아차림으로 바로 그 경험과의 관계가 변화될 수 있습니다. 예를 들어 특정한 순간에 통증을 느끼는 경우, 통증과 싸우거나 억지로 없애려고 하는 대신 잠시라도 통증을 직면하

지금 통증이 느껴진다면,
다음과 같이 지금 당장
조사해 볼 수 있습니다.
"통증에 대한 알아차림이 고통스러운 경험인가?"
그런 다음 살펴봅니다.
지금 이 순간 자신의 경험을 직접 조사해봅니다.

If you are in pain in this
moment, you might investigate
right now: "Is my awareness of
the pain in pain?" Then take a
look. Examine your experience
in this moment directly.

고 '환영의 매트'를 깔아보는 실험을 해 볼 수 있을까요? 즉 우리가 평소에는 아무런 관심을 기울이지 않고 그냥 차단하거나 거부하던 것을 심각하게 여기지 말고 더 개방적이고 호기심 많은 태도로 직접 조사해보는 실험을 해 볼 수 있습니까?

간단한 연습으로 지금 통증이 느껴진다면, 다음과 같이 지금 당장 조사해 볼 수 있습니다. "통증에 대한 알아차림이 고통스러운 경험인가?" 그런 다음 살펴봅니다. 생각하라는 것이 아니고 지금 이 순간 자신의 경험을 직접 조사해봅니다. 이것은 지금 이 순간 경험에서 펼쳐지는 모든 것에 주의를 기울이고, 그냥 무슨 일이 일어나고 있는지 느껴보라고 제안하는 것입니다.

또한 지금 이 순간이나 관련이 있는 다른 순간에 스스로 다음과 같은 질문을 통해 자신의 몸과 마음에서 일어나는 일에 대한 조사의 범위를 넓힐 수도 있습니다.

"두려움에 대한 알아차림이 두려운 경험인가?"
"분노에 대한 알아차림이 화가 나는 경험인가?"
"슬픔에 대한 알아차림이 슬픈 경험인가?"

직접 경험하면 알게 되겠지만, 이 질문은 매우 솔직하고 자유로운 질문이 될 수 있습니다.

마음챙김의 실제적인 정의로 돌아가서, 중요하게 짚고 넘어가야 할 점은 비판단적이라는 표현은 판단과 감정적 반응이 없어야 한다는 것을 의미하지 않습니다. 판단과 감정적 반응은 많이 있을 것입니다! 그건 인간만이 할 수 있는 일입니다. '비판단적'이라는 것은 특정 순간에 마음이 얼마나 판단적일 수 있는지 실제로 볼 수 있고, 판단 자체를 판단하지 않는다는 것을 의미합니다. 이처럼 마음챙김의 수련과 계발은 유쾌하든, 불쾌하든, 중립적이든 있는 그대로의 경험과 더 친밀한 관계를 맺는 것입니다. 여기에는 적어도 자신이 인식하는 모든 판단을 한동안 중단하도록 노력하겠다는 강력한 다짐이 포함됩니다. 여기에는 그러한 판단이 틀림없이 사실이라고 믿는 믿음이나 확신도 포함됩니다.

까다로운 점은 우리가 모든 것을 판단하며, 마음에 들지 않을 때마다 자동으로 반응하는 경향이 있다는 것입니다. 특히 고통스러울 때는 감정적으로 매우 과민하게 반응하는 경향이 있습니다.

따라서 이 여정에서는 하루 종일 일상적인 순간에 마음챙김을 하거나, 공식적인 안내 명상을 수련하거나 또는 안내 없이 수련하는 동안에 반드시 발생하는 판단과 감정적 반응을 관찰하는 데 전념하고, 순간순간의 경험에 대해서 너무 반응하거나 판단하는 것을 자제하는 데 최선을 다하는 것이 도움이 될 수 있습니다.

‘비판단적’이라는 것은

특정 순간에 마음이

얼마나 판단적일 수 있는지 볼 수 있고,

판단 자체를 판단하지 않는다는 것을 의미합니다.

‘Non-judgmental’ means

that you will see how

judgmental the mind can

be in certain moments and

not judge the judging.

4장

통증을 다루는 7가지 원칙

통증을 다루는 7가지 원칙

만성 통증 질환이나 기타 삶의 어려운 측면을 마음챙김하며 다루기 위해 의도를 가지고 접근할 때, 몇 가지 기본 원칙과 태도 및 관점을 염두에 두면 도움이 될 수 있습니다.

여기 도움이 될 7가지가 원칙이 있습니다. 일부는 이미 보신 분들도 계실 겁니다. 이 원칙들은 매우 기본적인 것이므로 반복해서 다시 살펴보고, 심지어 암기를 해도 좋습니다. 명상 수련 자체와 마찬가지로, 적어도 매일, 아침에 눈을 떴을 때, 그리고 하루 종일 순간순간 상기하면 도움이 되는 원칙들입니다.

1. **당신이 숨을 쉬고 있는 한, 무엇이 잘못되었든 당신에게는 잘못된 것보다 잘된 것이 더 많습니다.**

통증과의 관계를 바꾼다는 것은 몸과 마음을 통해 자신에게 가능한 내면의 깊은 자원을 끌어내고, 이를 활용하여 매 순간, 매일 삶의 질을 개선하는 것을 의미합니다.

통증과의 관계를 바꾼다는 것은
몸과 마음을 통해
자신에게 가능한
내면의 깊은 자원을 끌어내고,
이를 활용하여
매 순간, 매일 삶의 질을
개선하는 것을 뜻합니다.

Changing your relationship with
pain involves drawing upon
the deep interior resources
available to you through your
own body and mind, and putting
them to work to improve the
quality of your life, moment
by moment and day by day.

2. 마음챙김의 힘은 현재 순간에 있습니다.

현재 순간의 힘은 위대합니다. 그러나 대부분의 경우, 우리는 과거나 미래에 머무르며, 기억하거나 끊임없이 기대하거나 걱정하거나 계획합니다. 우리는 살아있는 유일한 순간인 **이 순간**에 사는 것이 얼마나 강력하고 치유적인지 거의 깨닫지 못합니다.

이상하게 들릴수도 있지만, 실제로 현재 순간을 사는 것은 정말 어려운 일입니다. 심지어 우리가 배우고, 성장하고, 있는 그대로를 받아들이고, 다른 사람에게 애정과 감사를 표현하고, 사랑하기 위해 정말로 무엇이든 해야 할 유일한 시간이라는 것을 알면서도 그렇습니다. 이 모든 것은 매우 부드럽고도 지속적으로 반복해서 자신에게 상기시키는(reminding)-당신 자신의 '몸을 자각하는(re-bodying)'것이라고도 말할 수 있습니다-수련이 필요합니다.

3. 현재 순간을 살아갑니다.

물론, 현재 순간을 정확히 우리가 원하는 대로 지낼 수 있다면 행복합니다. 하지만 일반적으로, 우리가 생각하고 느끼는 데에 있어서 지금 이 순간에 일어나는 일은 우리가 원하는 만큼 좋거나 유쾌한 경우는 거의 없습니다.

이것은 만성적인 통증 상태가 아니더라도 대체로 그렇습니다. 이러한 상태이든 아니든, 우리는 실제 상황과는 다르게 원하는 것이 얼마나 많은지 알 수 있습니다.

현재 순간은
우리가 배우고, 성장하고,
있는 그대로를 받아들이고,
다른 사람에게 애정과 감사를 표현하고,
사랑하기 위해
정말로 무엇이든 해야 할
유일한 시간입니다.

The present moment is
the only time we really
have to do anything—to
learn, to grow, to come
to terms with things as
they are, to express our
affection and appreciation
of others, to love.

우리는 불쾌한 경우, 즉 우리가 그것을 특별히 좋아하지 않는다면 현재 순간에 살고 싶지 않을 것입니다. 특히 심한 통증을 경험할 때 분명히 그 순간을 좋아하지 않습니다. 그 결과 특히 현실의 어떤 순간이 마음에 들지 않을 때는 그 순간을 벗어나기 위해 종종 어떤 방식으로든 주의를 분산시키는 경향이 있습니다.

4. 좋아하지 않는 상황에 직면하면, 우리에게는 일반적으로 두 가지 선택지가 있습니다.

우리가 좋아하지도 않고 누구도 괴로움을 겪지 않기를 바라는 상황에 직면했을 때, 우리가 일반적으로 선택하는 방법은 다음 두 가지입니다.

하나는 외면하거나, 그 상황을 무시하거나 피하려고 최선을 다하는 것입니다. 다른 하나는 문제에 끊임없이 집착하여 사로잡히는 것입니다. 어떤 방식이든, 우리는 그 경험 때문에 희생당하고 있다는 느낌을 받게 됩니다.

그 결과, 우리는 고통을 무디게 하려고 연이은 토끼굴로 빠지듯● 술, 마약, 음식, 끊임없는 휴대폰 사용, 과도한 텔레비전 시청, 소설 미

● 루이스 캐럴의 1865년 소설 『이상한 나라의 앨리스』에서 앨리스가 시계를 든 토끼를 따라 토끼굴에 들어가며 이상한 나라로 떨어졌듯 혼란과 미궁으로 빠져드는 상황을 비유했다(옮긴이 주).

디어 보기 및 글 올리기 등 익숙한 것에 의지하게 될 수 있습니다. 하지만 이러한 대처 전략과 끊임없이 주의를 분산하는 것으로는 만족감과 안도감을 지속적으로 제공하지는 못합니다. 어느 정도 일시적인 안도감은 줄 수 있지만, 이렇게 추구하다 보면 중독, 단절, 불만이 조장되는 경향이 있습니다. 알아차림이 없다면 우리 주변의 기기는 우리의 아날로그적 삶을 쉽게 저해하고, 우리의 가장 중요한 순간을 자주 가리고, 장기적으로 우리의 삶이 훨씬 더 스트레스를 받고 문제가 되게 만들 수 있습니다. 2021년 자료에 따르면 사람들은 평균적으로 하루 250회 이상, 즉 깨어있을 때 매시간에 약 16회 이상 휴대폰을 확인한다고 합니다. 여기에 대한 현명한 해독제로 휴대폰을 확인하려는 충동에 주의를 기울이고 이를 명상 수련으로 바꾸면, 이것은 당신 편에서 더 자주 그리고 더 현명하게 스스로 조절하고 자제하는 것으로 빠르게 이어질 수 있습니다.

게다가 스트레스나 마음에 들지 않는 상황에 직면하면, 우리는 자신의 고통과 좌절감 때문에 대부분의 시간을 성급하고 거칠게 그리고 화를 내며 대처하는 습관에 쉽게 빠질 수 있습니다. 이는 전적으로 이해할 수는 있지만, 반드시 도움이 되는 것은 아닙니다.

고통을 다룰 때 빠지기 쉬운 또 다른 함정은 감정적으로 위축되고, 다른 사람에게서 더 멀어지고, 타인과 삶으로부터 자신을 단절하고, 결과적으로 몸과 마음이 계속 위축된 상태로 살아가려는 경향입니다.

우리는 모든 어려움을
고통 탓으로 돌리면
상황이 개선되지 않는다는 것을
알게 됩니다.

We come to see that blaming
all our difficulties on our
pain doesn't improve
our circumstances.

이러한 부적응적인 대처 전략과 탈출 전술로는 행복이나 웰빙을 누릴 수 없습니다.

웃으며 견디는 것도 장기적으로는 그다지 유용하지 않습니다. 어느 시점에서는, 아무리 정당한 이유가 있더라도 모든 어려움을 자신이 처한 고통 탓으로 돌리는 것은 상황을 개선하는 것이 아니라 오히려 좌절감을 악화시키고 심지어 절망으로 이어질 수 있다는 사실을 깨닫게 되기를 바랍니다.

5. 고통스러운 경험에 다가가는 완전히 다른 방법이 있습니다.

원하지 않는 고통스러운 경험과 관계를 맺는 완전히 다른 방식이 있습니다. 이 방식은 끊임없이 행하고, 강요하고, 저항하는 방식이 아닌 존재의 방식(a way of being)입니다. 이 새로운 방식은 고통스러운 경험을 외면하거나 억압하는 것이 아닙니다. 그리고 이 방식은 흔히 생각하는 것처럼 고통스러운 경험에 압도당하는 느낌으로 이어지지도 않습니다.

이것이 순간순간 우리의 경험을 받아들이고 친구가 되는 마음챙김의 방식입니다. 우리는 참여하고 친구처럼 대하며 '환영의 매트'를 깔아놓습니다. 우리는 아주 짧은 순간이라도 그 순간 자신의 동기와 에너지 수준에 따라서, 그리고 잠시만 들여다보는 것만으로도 이런 방식으로 수련할 수 있습니다. 핵심은 짧은 순간 동안 최선을 다해 열린 마음으로 흥미와 호기심을 가지고 참여하되, 계속 돌아와 반복적

마음챙김은
순간순간
우리의 경험에
마음을 열고
친구가 되는 것입니다.

Mindfulness is opening to
and befriending our
experience, moment by
moment by moment.

으로 참여하는 것입니다.

이상하게 들릴지 모르겠지만, 우리는 특정 시점 이후 의학이 도움이 되지 않는 만성 통증 상태에 있어서 우리가 가장 두려워하는 느낌이나 경험으로 **방향을 틀고** 마음챙김, 통찰력, 평정심을 계발하고 다듬고 있습니다. '통증과 함께 살아가는 법'을 배우면서, 시간이 지남에 따라 우리는 더욱 통증에 대해 마음을 열게 되고, 통증을 조사하고, 통증과 최대한 친구가 될 수 있습니다. 하지만 명심해야 할 것은 우리는 주어진 순간에 그것을 받아들일 준비가 되었다고 느끼는 정도까지만 마음을 여는 것입니다. 불쾌하고 거부감을 불러일으키고 원하지 않는 경험일지라도 기꺼이 모든 범위로 향할 수 있는 정도까지만 마음을 열어야 합니다. 그리고 우리는 최선을 다해 우리 자신에게 매우 친절하게, 최대한 그것을 향해 나아갑니다.

우리는 지금 일어나고 있는 일이 **이미 일어나고 있다**는 단순한 이유로 지금 일어나고 있는 일에 대해 '환영의 매트'를 내놓고 있습니다. 무엇을 느끼든, 우리는 이미 그것을 느끼고 있습니다. 문제는 현재 이 순간에 어떻게 그것과 지혜로운 관계를 맺을 것인가 하는 것입니다. 아무리 이해할 수 있는 상황이라 할지라도, 이를 외면하려는 시도는 현실 상황을 부인하는 방법일 뿐입니다. 이러한 접근방식은 충분히 이해할 수 있지만, 고치는 것이 아닌 치유 과정의 핵심 요소인 있는 그대로의 상황을 받아들이는 과정에는 큰 도움이 되지 않습니다. 패배감, 체념, 우울증, 자기 연민에 빠지는 것도 마찬가지입니다.

... 무슨 일이 일어나든

이미 일어나고 있는 일입니다...

문제는 현재 이 순간에

어떻게 그 일과

지혜롭게 관계를

맺을 것인가입니다.

... whatever is happening

is already happening ...

the challenge is, how

are we going to be in

wise relationship to it

in this moment?

이는 오히려 상황을 더욱 악화시킬 뿐입니다.

만약 우리가 경험을 외면한다면, 우리는 결국 모든 다른 차원의 고통으로부터 배울 기회와 그 고통이 우리에게 가르쳐 주게 될 것을 놓치게 될 것입니다. 우울하거나 낙담하거나 절망감을 느낄 때 외면하는 길을 선택하는 것이 때로는 더 쉬워 보일 수 있습니다. 하지만 우리가 이런 경험을 외면한다면 지금 이 순간, 바로 여기, 우리 자신의 삶 속에서 우리 자신의 몸과 마음 안에서 이용할 수 있는 개방성, 새로운 가능성, 새로운 시작, 새로운 존재 방식을 결코 찾지 못할 수 있습니다.

우리가 경험을 외면한다면, 적어도 지금은 상황을 외면하는 대신 상황을 정확히 파악하고 포용함으로써 우리가 어떤 상황에 직면하든 실제로 더 강하고 유연해질 수 있다는 사실을 발견하지 못할 수도 있습니다. 또한, 지금 이 순간 우리가 짊어지고 있는 괴로움으로부터 배울 수 있고 관계를 변화시킬 수 있는 완전히 새롭고 효과적인 선택지가 있다는 것을 발견하지 못할 수도 있습니다. 앞서 살펴본 바와 같이 '괴로워하다(to suffer)'라는 동사의 어근은 '짊어지고 가다(to carry)'입니다. 어쩌면 우리는 우리가 짊어지고 있는 것을 잠시 내려놓거나 다른 방식으로 짊어질 수 있는 창의적인 방법을 찾을 수 있을지도 모릅니다.

우리의 경험을 받아들이고 힘들지라도 그렇게 하는 마음챙김의 접근방식은 우리가 좋아하든 좋아하지 않든, 원하든 원하지 않든 현

우리는 어떤 상황에 직면하든,

더 강하고

유연해질 수 있습니다.

We can become stronger

and more flexible,

no matter what

we are facing.

우리는
지속적인 수련으로
회복탄력성을 기릅니다.
이는 삶이 우리에게 제공하는 것을
잘 활용하며 살아가는 방법입니다.

We cultivate resilience
through ongoing
practice. It's a way of
living and living well
with what life offers us.

재 순간에 처한 상황을 받아들이는 새로운 방법과 새로운 가능성으로 이어집니다.

어렵고 원치 않는 경험이라도, 흥미와 호기심에서 비롯된, 경험을 향해 **다가서고 친구가 되려는** 이러한 몸짓은 회복탄력성과 내면의 힘을 길러줍니다. 우리는 지속적인 수련으로 회복탄력성을 기릅니다. 고전 영화 〈그리스인 조르바(Zorba the Greek)〉의 한 구절을 빌리자면, 이는 삶이 우리에게 주는 모든 경이로움과 역경, 즉 인간이라면 겪는 '재앙으로 가득한 삶(full catastrophe)'을 받아들이며 잘 살아가는 삶의 방식입니다.

6. 매 순간 경험에 마음을 엽니다.

마음챙김의 길을 걷는다는 것은 당신이 주어진 순간에 경험하고 있는 것이 유쾌하든, 불쾌하든, 아니면 전혀 눈치채지 못할 정도로 중립적이고 평범하든, 자신에 대한 친절과 연민으로 매 순간 자신의 경험을 받아들이는 법을 배운다는 것을 의미합니다. 이 길은 또한 마음이 얼마나 쉽게 판단하고 반응하는지 알아차리고, 그 경험이 좋으면 좋다고, 싫거나 원하지 않으면 나쁘다고, 어떤 식으로든 특별한 느낌이 없으면 지루하다고 판단하지 않고 최선을 다해 매 순간에 다가갈 수 있도록 합니다.

앞서 보았듯이, 이것은 우리가 싫어하거나 판단하는 일이 많지 않다는 게 아닙니다. 끊임없이 촉발되는 경향이나 모든 것을 우리가

마음챙김의 길을 걷는다는 것은
당신이 주어진 순간에
경험하고 있는 것이
유쾌하든, 불쾌하든, 아니면
전혀 눈치채지 못할 정도로 중립적이고 평범하든,
자신에 대한 친절과 연민으로
매 순간 자신의 경험에
마음을 여는 법을 배운다는 것을 의미합니다.

The path of mindfulness
involves learning to open
to your experience moment
by moment with kindness
and compassion toward
yourself, whether what you
are experiencing at any given
time is pleasant, unpleasant, or
so neutral and ordinary that
you may not notice it at all.

좋아하거나 싫어함에 따라 즉각적으로 판단하는 경향을 일시적으로 중지시키려는 의도가 생기도록 할 수 있다는 것을 의미합니다. 우리는 우리가 좋아하지 않거나 위협을 느끼며 단순히 사라지기를 바라는 것에 분노, 증오, 혐오 또는 실망과 같은 심각한 감정을 느끼며 무의식적으로 자동으로 반응하는 우리의 성향을 알아차리고 길들일 수 있습니다.

마찬가지로 마음챙김을 더 잘하면 우리가 좋아하거나, 오랫동안 지속하기를 바라거나, 더 많이 갖고 싶은 것을 추구하고 집착하려는 충동을 알아차리고 길들일 수도 있습니다. 두 경우 모두, 우리는 그 특정 순간에 균형을 크게 잃지는 않더라도 적어도 어느 정도는 균형을 잃고 있으며 평정심과 마음의 평화가 결여된 상태입니다. 이는 실제로 우리가 조금만 뒤로 물러나서 호흡을 포함하여 알아차림 자체로 돌아오면 언제든지, 심지어 매우 흥분된 순간에도 문제를 해결할 수 있습니다. 그렇게 함으로써 마음을 안정시키는 효과가 있다는 것을 경험한 적이 있다면 더욱 그렇습니다. 이를 통해 우리는 알아차릴 준비가 된 어느 순간에나 그 순간에 실제로 펼쳐지는 일, 즉 항상 지금 이 순간에 더 큰 관점을 가질 수 있습니다.

어떤 순간의 경험에 의도적으로 마음챙김하면서 다가가면, 보통 스트레스에 민감하게 반응하고 감정적 혼란과 화를 유발하는 바로 그 상황에서 우리는 정서적 균형을 기를 수 있는 새로운 방법을 즉시 얻게 됩니다. 마음챙김은 우리가 스스로 강요하려는 이상적인 것도 아니며, 얻으려고 노력하는 특별한 '상태'도 아닙니다. 오히려 마음챙김은 순수하고 단순한 알아차림 그 자체입니다. 마음챙김은 모두가 가지고 있는 타고난 능력이며, 우리가 항상 이용할 수 있고, 시간이 지나면서 훨씬 더 규칙적이고 안정적으로 알아차리고 머물도록 자신을 스스로 가르칠 수 있는 내면의 자원입니다.

문제는 특정 순간, 즉 우리가 가장 필요한 순간에 우리의 알아차림에 접근할 수 있는지 여부입니다. 왜 그럴까요? 우리는 보통 주어진 순간의 생각과 감정적 반응의 흐름에 휩쓸려 사는 경향이 있기 때문입니다. 하지만 여기가 바로 순간순간 실제로 마음챙김이 길러지는 지점입니다. 명상 수련 자체에서 우리는 우리의 생각과 감정, 그 모든 것을 사실이 아닌 알아차림의 영역에서 일어나는 **사건**으로 훨씬 더 많이 인식하게 됩니다. 따라서 우리의 생각과 감정이 변하지 않는 '사물의 진리'가 아님을 깨닫게 됩니다.

시간을 들여 수련함에 따라, 감정적으로 덜 반응하고, 판단에 덜 비판적으로 되고, 더 친절하며, 우리 자신과 순간들을 더 받아들이는 것이 우리의 '기본 설정'이되어 가는 것을 발견할 수 있습니다. 또한 좋아하지 않거나 원하지 않는 것에 분노, 원망, 두려움 또는 자기혐오로 반응하면 마음과 몸이 위축되고 통증은 증가하고 고통과 괴로움은 악화한다는 것을 발견할 수도 있습니다. 따라서 우리가 삶에서 펼쳐지는 경험에 반응하는 방식을 바꾸는 것은 매우 긍정적이고 의미 있으며 이것은 때로는 고통에서 해방되는 효과를 가져올 수도 있습

마음챙김은
우리가 스스로 강요하려고 하는 이상적인 것도 아니며,
얻으려고 노력하는 특별한 '상태'도 아닙니다.
명상 수련 자체에서,
우리는 우리의 생각과 감정, 그 모든 것을
사실이 아닌 알아차림의 영역에서 일어나는 **사건**으로
훨씬 더 많이 인식하게 됩니다.
따라서 우리의 생각과 감정이
변하지 않는 '사물의 진리'가 아님을
깨닫게 됩니다.

Mindfulness is not an ideal
that we are trying to impose
on ourselves, nor is it a
special "state" that we are
striving to acquire. . . . In
the meditation practice
itself, we become much
more aware of our thoughts
and feelings—all of them—
simply as *events* in the field
of awareness rather than
as facts and therefore "the
truth of things," which they
almost invariably are not.

우리가 삶에서 펼쳐지는 경험에
반응하는 방식을 바꾸는 것은
매우 긍정적이고 의미 있으며
이것은 때로는
고통에서 해방되는
효과를 가져올 수도 있습니다.

Shifting how we react to
experiences in our lives as
they are unfolding can have
a very positive, meaningful,
and at times liberating
influence on our pain.

니다. 이러한 변화의 대부분은 특정 방식을 강요하지 않고 순간순간을 부드럽게 받아들이는 것만으로도 자연스럽게 일어납니다.

7. 마음챙김은 어떤 것을 사라지게 만드는 것이 아닙니다.

우리는 우리가 겪는 고통을 제거하거나 '통제'하려고 하지 않습니다. 또한 우리는 감정을 억누르려고 하는 것도 아닙니다. 사실 우리가 마음챙김을 기를 때, 비록 우리가 원할지라도, 의학이 우리를 병들게 하는 것을 자동적으로 고칠 수 없다는 것에 대해 무력감과 분노를 느낄지라도, 아무것도 고치려고 하지 않습니다. 오히려 우리는 지금 이 순간 앉거나 서거나 누울 수 있는 장소, 즉 아무것도 바꾸지 않고도 폭풍우 한가운데서 바람을 피해 잠시나마 휴식을 취할 수 있는 피난처를 찾고 있을 뿐입니다. 놀랍게도 이 '무위(無爲, non-doing)' 또는 '존재의 영역(the domain of being)'으로 들어가는 것은 우리의 고통에 또는 적어도 그것과의 관계에 어떤 변화를 매우 빠르게 가져올 수 있습니다.

그러나 필사적으로 다른 곳으로 가고 싶거나, 망가졌다고 믿는 것을 고치려 하거나, 자극을 사라지게 하려는 등 자신의 상태가 낡은 틀에 사로잡혀 오랜 사고 습관에 너무 갇혀 있는 순간에는 그런 욕망 자체와 그 욕망을 향한 집착으로 고통이나 불만, 괴로운 경험을 더 오래 겪을 수 있습니다. 마치 이러한 에너지를 공급함으로써 우리는 자신을 스스로 가두고 경험이 변화하는 것을 막으려 하는 것과 같습니

우리는 지금 이 순간
앉거나 서거나 누울 수 있는 장소,
즉 아무것도 바꾸지 않고도
폭풍우 한가운데서
바람을 피해
잠시나마 휴식을 취할 수 있는
피난처를 찾고 있을 뿐입니다.

We are simply looking for a
place to sit or to stand or to lie
down—a refuge we can drop
into in this present moment
and perhaps experience a
little respite, a sheltering right
in the middle of the tempest
itself, out of the wind, without
anything having to change.

다. 세상과 우리 몸은 끊임없이 변화하고 있습니다. 이것이 바로 자연의 법칙, 즉 무상(無常)의 법칙입니다. 모든 것은 변합니다. 괴로움에 대한 경험만 예외일 이유가 있겠습니까?

때로는 원치 않는 일에 직면하여 인내와 관용을 발휘하는 것이 단기간에는 효과적인 전략이자, 장기적으로는 상황이 저절로 변화되고 심지어 치유될 수 있는 유용한 전략이 될 수 있음을 기억하는 것이 중요합니다.

세상과 우리 몸은

끊임없이 변화하고 있습니다.

이것이 바로 자연의 법칙,

즉 무상(無常)의 법칙입니다.

모든 것은 변합니다.

괴로움에 대한 경험만 예외일 이유가 있겠습니까?

The world and our bodies

are constantly changing.

It is a natural law:

the law of impermanence.

Everything changes.

Why would the experience of

suffering be an exception?

5장

마음챙김 수련 방법

마음챙김 수련 방법

마음챙김을 하고 싶다면 앞으로 며칠, 몇 주, 몇 달, 몇 년 동안 이 책의 여러 부분에 소개된 내용을 반복해서 다시 한번 살펴보고, 숙고하고, 실천하기를 바랍니다.

마음챙김은 평생 해야 할 일로 우리는 지금 이 순간을 있는 그대로 받아들이고 그렇게 함으로써 앞으로의 삶의 질이 개선될 것이라는 동기를 가지고 삶을 위해 마음챙김을 실천하게 됩니다. 가벼운 마음으로, 그러나 순간을 놓치지 않겠다는 굳은 의지로, 이러한 수련을 최대한 염두에 두고 온종일 활용해 봅니다. 고통스럽고 원하지 않는 것들과 현명하게 관계를 맺는 이러한 방식은 점차 제2의 천성이 될 것입니다.

특정 결과나 느낌을 얻기 위해 애쓰는 순간, 말하자면 '강을 거슬러 올라가려고' 하는 순간도 있고, 바라던 바를 정확히 얻지 못하여 좌절하거나 실망하는 순간도 있습니다. 또는 이런 문제로 오랫동안 명상 수련을 아예 거부하고 있는 자신을 발견할 수도 있습니다. 이때

알아차림은
생각과 감정의 영역을 포함하여
다른 모든 감각적 경험을
인식하는 데 필수적이며,
그 자체로도 별도의 감각으로
간주될 수 있습니다.

Awareness can be thought
of as another sense in its
own right, and essential
for all other sensory
experience, including the
realm of thoughts and
emotions, to register.

명상 수련을 계속하면서 자신을 너무 힘들게 하지 않는 법을 배우게 될 것입니다.

이 모든 것은 명상 수련의 일부가 되는데, 특히 이러한 일들을 알아차리고, 지금 이 순간에 펼쳐지고 있는 삶으로 반복해서 돌아올 수 있다면 더욱 그렇습니다.

공식적이든 비공식적이든 매일 마음챙김을 수련하면, 생각하는 방식뿐만 아니라 더 중요하게는 모든 감각을 통해 경험하는 삶과 친밀해지는 방식을 조명하고 확장할 수 있습니다. 사실 알아차림은 생각과 감정의 영역을 포함하여 다른 모든 감각적 경험을 인식하는 데 필수적이며, 그 자체로도 별도의 감각으로 간주될 수 있습니다.

우리가 배우고 있는 것처럼 이러한 마음챙김 수련법들은 모두 같은 방, 즉 알아차림의 방으로 들어가는 서로 다른 문입니다. 알아차림은 우리 한 사람 한 사람 모두에게 이미 있는 지성의 한 형태이며, 알아차림을 체계적으로 활용할 수 있는 방법을 배울 수 있습니다.

가장 스트레스 받는 순간에 하는 습관적인 사고 과정보다 훨씬 더 신뢰할 수 있고, 균형을 잡아주고, 그대로 드러내주는 그 자체의 미덕이 알아차림에는 있습니다. 따라서 가능한 한, 알아차림 속에서 삶이 매 순간 계속 펼쳐짐에 따라 몸과 마음의 타고난 지혜를 신뢰하며, 일상생활에서 마음챙김이 시작 모드이자 기본 모드가 될 수 있는지 살펴보십시오.

단지 몇 줄이나 한두 단락이라도 이 페이지들을 수시로 다시 읽

알아차림 속에서
삶이 매 순간 계속 펼쳐짐에 따라
몸과 마음의 타고난 지혜를 신뢰하며,
일상생활에서 마음챙김이
시작 모드이자 기본 모드가 되도록 합니다.

Invite mindfulness to become
your go-to mode, your default
mode in everyday living, trusting
in the innate wisdom of your
body and mind as your life
continues to unfold moment
by moment in awareness.

어보고, 거기서 본 것을 현재 당신의 삶에서 펼쳐지고 있는 일에 적용해보고 싶을 수도 있습니다.

지금까지 읽은 내용을 다시 읽는 것과 첨부된 오디오 파일을 통해 다음 장에서 설명하는 안내 명상을 정기적으로 수련하는 것을 함께 하는 것이 가장 좋습니다. 이렇게 하면 내면과 외면에서 일어나는 모든 일에 직면하여 순간순간, 매일매일 비판단적인 알아차림의 힘을 적극적으로 키우게 될 것입니다. 앞서 살펴본 것처럼 알아차림은 그 자체로 괴로움으로부터 해방되는 관문입니다. 알아차림은 그것에 다가가고 머물기 위해서 떠올리는 모든 순간에 이용할 수 있습니다.

이것은 주어진 모든 날마다 있는 그대로의 온몸, 즉 호흡, 통증이나 불편함에서 오는 어떠한 느낌, 움직임의 제한, 생각, 감정, 다양한 마음 상태 그리고 무엇보다도 알아차림 그 자체를 체계적으로 다루는 수련을 해보라는 의미입니다. 가능한 한 고통과 괴로움의 순간뿐만 아니라 삶에 내재하는 작고 하찮아 보이는 기쁨과 감사의 순간에도 자신과 현명하게 관계를 맺을 수 있는 새롭고, 더 자비로운 방식을 키울 수 있는 역량을 탐색해 봅니다. 사실 이러한 순간은 매우 중요하며 교훈적이고 치유적입니다.

실용적인 조언

다음은 함께 제공되는 안내 명상 수련을 진행하면서 기억해두면 좋은 몇 가지 실용적인 조언입니다.

공식적인 마음챙김 명상을 위한 시간과 공간을 마련할 때는 가능한 한 방해 받지 않는 편안하고 안전한 환경에서 수련하는 것이 가장 좋습니다. 처음에는 집에 있는 방이 가장 적합한 명상 장소일 수 있지만, 궁극적으로 이 과정에서는 어디에서든 '집에서처럼 편히' 명상을 할 수 있노록 하는 것입니다.

휴대폰을 비롯해 수련을 방해하거나 주의를 분산시킬 수 있는 모든 기기를 꺼 둡니다. 이렇게 하면 수련을 위해 의도적으로 할애한 시간이 오로지 자신만을 위한 시간이 됩니다. 무엇을 하기보다는 존재하기 위한 시간, 지금 이 순간 펼쳐지는 삶의 경험을 알아차리는 것 외에는 해야 할 다른 어떤 것도 없는 시간이 됩니다.

명상 수련을 할 수 있는 10분이 주어진다면, 온전히 현재에 머무르는 소중한 10분이 되도록 합니다. 외부의 방해 요소를 최소화하거나 아예 없애고, 지금 이 순간에 있는 그대로의 자신을 받아들이고, 불편함이나 매우 힘든 고통에 직면했을 때도 친절하고 온화하게 알아차림으로 몸을 있는 그대로 포용하는 방법을 배우는 10분이 되도록 합니다. 명상 수련에 3분을 할애하든 10분, 20분, 30분을 할애하든 이렇게 자신을 명상으로 초대하는 것이 핵심입니다.

현재 순간에 온전히 몰입하는 법을 배운다면, 시계상의 시간은 사라져 우리가 지금이라고 알고 있는 순간만 남게 됩니다. 시간을 초월한 이러한 경험은 시계상으로는 짧은 순간일지라도 그 자체로 회복과 치유를 가져다줍니다.

기꺼이 참여해서 마음을 모아
어느 만큼의 노력을 기울인다면
사실 어떠한 경험도
효과적입니다.

Virtually any human
experience is workable
if you are willing to
show up, focus, and do a
certain amount of work.

기꺼이 참여해서 집중하고 어느 만큼의 내면과 외면의 노력을 기울인다면 사실 어떠한 경험도 효과적입니다. 우리의 경우, 이는 자신에게 적절한 정도로 마음챙김 수련에 전념하는 것을 의미합니다.

마음챙김을 공식적으로 수련하는 것은 연주자가 자신의 악기를 조율하는 것과 같습니다. 이러한 명상을 통해 우리는 우리 자신의 악기, 즉 알아차림과 웰빙을 위한 깊은 내면의 능력을 조율합니다. 그러면 우리가 여기에 앉거나 누워 있는 동안 일어나는 모든 것이 음악의 일부가 됩니다. 우리는 단지 조율만 하는 것이 아니라 실제로 연주하고 있습니다. 이것은 리허설도 공연도 아닙니다. 우리는 우리의 삶이 있는 유일한 순간에 우리가 살아야 할 삶을 살고 있습니다.

공식적인 명상을 위한 자세

안내 명상으로 수련할 때나, 안내 없이 혼자서 명상하고 싶을 때도 수련할 때 어떤 자세를 취할지 미리 결정하는 것이 도움이 됩니다.

모든 안내 명상은 눕거나 앉아서, 눈을 뜨거나 감고서 수련할 수 있습니다. 만약 누워서 수련한다면 침대나 소파 또는 두꺼운 매트 위 등 자신에게 가장 편한 곳에서 합니다. 등을 대고 눕거나 옆으로 웅크리거나 편안한 자세를 취합니다. 다시 한번 말하지만, 가장 중요한 것은 몸이 편안하게 자세를 취하는 것입니다. 특히 수련 전에 이미 통증을 느끼고 있다면 더욱 그렇습니다. 저는 누워서 명상하는 것을 정말 좋아하며 나이가 들수록 그 가치와 효과가 더욱 크다는 것을 느끼고 있습니다. 계속 수련하면, 특히 밤새 잠을 자고 난 후 침대에 등을 대고 누워서 할 수 있다면, 순간순간 매번의 호흡에 놀라울 정도로 자신을 '깨어나도록' 할 수 있습니다. 3분이든 15분이든 하루를 시작하는 좋은 방법입니다.

만약 앉아서 명상한다면, 편안하되 등받이가 너무 푹신하지 않으면서도 필요한 만큼 지지가 되는 의자를 선택합니다. 가능하다면 등을 곧게 펴고, 구부러지지 않도록 합니다. 최대한 바른 자세로 앉되 경직되지 않도록 합니다. 깨어있음과 위엄이 나타나는 자세가 되도록 합니다. 때로는 등받이가 곧은 의자를 사용하면 이러한 자세를 취하는 데 가장 도움이 됩니다.

허리나 다리와 관련된 만성 질환이 있다면 권하지 않지만, 바닥에 방석을 깔고 앉아서 할 수도 있습니다.

어떤 자세를 취하든 상관없지만, 졸지 않고 깨어있을 수 있는 자세여야 합니다. 항상 깨어있으라는 겁니다. 그러나 졸릴 때는 졸음 자체에 대한 감각에 알아차림을 두는 방법을 시도해 볼 수 있습니다. 졸음에 주의를 기울이는 것만으로도 다시 깨어나는 데 매우 효과적입니다.

오디오 형식의 안내 명상 사용 방법

안내 명상은 실제 수련할 때 사용할 수 있도록 오디오 형식으로 제공됩니다. 이때 단순히 듣기만 하는 것이 아니라 완전히 참여해야 합니

어떤 자세를 취하든 상관없지만,
졸지 않고 깨어 있을 수 있는
자세여야 합니다.

Whatever posture you
adopt is fine as long as
it promotes wakefulness
rather than drowsiness.

다. 따라서 실제로 수련에 참여하기 전에 다음 장의 안내 명상 텍스트를 읽고 익숙해지는 것이 중요합니다.

텍스트 버전은 오디오 버전과 다소 다른 부분이 있습니다. 이 책에서는 오디오 버전에서 제공하는 지침을 미묘한 차이로 보완할 수 있도록 개선했습니다. 아마도 오디오와 텍스트 버전 간의 차이점을 통해, 특히 오디오 가이드를 따라 수련하면서 이 장을 몇 번이고 다시 살펴보고, 단어가 어디에서 어떻게 주의를 기울이도록 유도하는지 스스로 이해하고 경험하는 데 도움이 되기를 바랍니다. 수련을 많이 할수록 알아차림에 대한 접근성이 높아집니다. 의심할 여지 없이 이것은 큰 투자입니다. 하지만 그 투자로 순간을 되찾고 나아가 인생을 회복한다는 사실을 잊지 마십시오. 그래서 실제로 상당한 대가를 치러야 하며 이것은 당신의 웰빙을 위해서도 매우 중요합니다.

오디오 형식의 안내 명상에서는 대부분 제 목소리가 안내하지만, 제가 하는 말을 듣는 것뿐만 아니라 동시에 진행하면서 자신의 몸과 마음, 그리고 가슴 속에서 가리키는 것을 최대한 직접 **체험**할 수 있도록, 들려오는 단어만 따라가지 않는 실험을 해보는 것도 매우 도움이 될 수 있습니다. 이런 식으로, 여러분은 제 말에 너무 얽매이거나 명상을 끝내기 위해 노력하거나 긴장하지 않고, 대신 자신의 현재 순간의 경험에서 가리키는 것과 연결될 것입니다.

제 말이 어떤 식으로든 장애가 된다면, 그것을 무시하고 자신의 경험이 펼쳐지는 것을 신뢰하는 데에 자신을 맡기길 권합니다. 물론 언제든지 멈출 수 있고, 준비되었다고 느낄 때 다시 시작할 수 있습니다.

길든 짧든 침묵의 시간은 알아차림 속에서 쉴 수 있는 공간을 제공하기 위한 것이며, 알아차림 영역에 포함하기로 선택한 경험의 모든 측면을 순간순간 수용합니다. 물론 여기에는 몸에서 느낄 수 있는 불편함이 포함되어 있으며, 그것과 친구가 되고 거기에서 무엇을 배울 수 있는지 보려는 정신으로, 짧은 순간이라도 원하는 만큼 기꺼이 받아들입니다.

들리는 말의 저변을 염두에 두고
자신의 몸과 마음, 그리고 가슴 속에서
가리키는 것을 최선을 다해
직접 **체험**할 수 있도록 합니다.

Experiment with dropping
underneath the words, so that
not only are you are hearing
what I am saying but, at the
same time, you are directly
experiencing as best you can
what is being pointed to in
your own body, in your own
mind, and in your own heart.

6장

수련의 훈련 효과
- 안내 명상 텍스트

수련의 훈련 효과
- 안내 명상 텍스트

안내 명상을 따라 수련을 할 때, 마음챙김의 힘은 수련을 지속하면서 발전한다는 사실을 명심하는 것이 도움이 될 수 있습니다. 수련을 지속하면 같은 안내 명상을 몇 번이고 되풀이해서 사용하기 때문에 매우 많이 반복하게 됩니다. 이러한 방식으로 수련하는 것 자체는 훈련의 한 형태인데, 여기에는 수련을 하고 싶은 날이든 아니든 어느 정도의 끈기가 필요합니다.

명상 시간이 아무리 짧든 길든, 때로는 지루하고 끝이 나지 않을 것 같이 느껴질 수도 있습니다. 하지만 이것은 전혀 문제가 되지 않습니다. 우리는 환자들이 8주간의 MBSR 프로그램에 등록할 때, 좋든 싫든 간에 8주 동안 매일 안내 명상을 하는 것에 동의해야 한다고 말합니다. 그리고 그들에게 안내 명상 수련을 **좋아할 필요는 없지만**, 앞으로 8주 동안은 수련에 대한 판단을 보류하고 해야 할 수련은 **해야 한다**(do)고 분명하게 말합니다.

통증의 감소와 같이 바람직한 것이라 할지라도 그 결과에 집착하지 않고 상당히 근본적인 방식으로 규율을 지키며 수련할 의지가 없다면, 애초부터 이 프로그램에 참여하지 않는 게 나을 수 있습니다. 8주간의 프로그램을 마치면, 환자들에게 수련이 도움이 되었는지 아니면 그렇지 않았는지 솔직하고 명확하게 말해달라고 합니다. 하지만 프로그램을 하는 8주 동안에는 수련을 하고 싶든 아니든, 수련이 좋든 싫든, 도움이 되든 되지 않든 간에 일주일에 최소 6일 이상은 규칙적으로 수련해야 합니다.

여기서 통용되는 원칙은 자신에게 많은 것을 요구하면 실제로 상당한 이익을 누릴 수 있지만, 조금만 요구하면 프로그램에서 얻을 수 있는 것도 매우 한정적이라는 것입니다. 만성 통증 상태이거나 어떤 종류의 심각한 의학적 진단을 받았다 해도, 마음챙김 수련의 잠재적 이점을 맛보려면 상당한 수준의 내적 동기와 시간이 필요합니다.

흥미롭게도, 때로는 사람들이 가장 거부감을 느끼는 수련이 장기적으로는 가장 유익하고 강력한 것으로 판명될 때가 있습니다. 따라서 지루함이나 조급함 혹은 좌절감이 느껴진다 해도, 이를 문제 삼거나 수련의 장애로 여기지 않아도 됩니다. 이것들은 불안이나 슬픔, 기쁨처럼 마음에서 오고 가며 지나가는 일시적인 상태일 뿐입니다. 이러한 느낌들은 구름이나 폭풍이 오고 가며 지나가는 것처럼, 하늘처럼 넓게 펼쳐진 알아차림 속에서 항상 변화하는 마음의 날씨 패턴이라고 생각할 수 있습니다.

또한 동일한 안내 명상을 들으며 반복해서 수련할 때, 들을 때마

자신에게 많은 것을 요구하면
실제로 상당한 이익을 누릴 수 있지만,
조금만 요구하면
프로그램에서 얻을 수 있는 것도
매우 한정적일 것입니다.

If you ask a lot of yourself,
you may actually reap
considerable benefit. But
if you only ask a little, the
most you will get out of
the program will be the
little that you put in.

다 분명히 처음부터 존재했음에도 불구하고 이전에는 듣지 못했던 새로운 것을 듣게 될 때가 있습니다.

우리는 누구도 매일 완전히 똑같은 사람이 아니기 때문에, 각 순간의 상황은 우리가 듣고 이해할 수 있는 것에 영향을 미칩니다. 다시 말해 반복처럼 보이지만 실제로는 그렇지 않습니다. 매 순간, 매 호흡마다 항상 신선함과 새로운 시작의 요소가 있습니다. 지금까지 살펴본 바와 같이, 우리가 함께 계발하고 있는 이 모든 수련법은 본질적으로 같은 공간인 자기 가슴의 방, 알아차림 자체의 방으로 들어가는 다른 문입니다.

그리고 잠시 생각해보면, '자신의' 알아차림이라고 부르는 것은 타당하지도 정확하지 않습니다. 알아차림은 그저 존재하는 것입니다. 알아차림은 인간의 보편적인 능력으로, 알아차림 자체는 우리가 인식하지 못하는 초능력과 같은 것입니다. 우리는 이 능력을 타고납니다. 따라서 기분이나 직관 및 사용 가능한 시간에 따라 다양한 수련 방법을 즐길 수 있습니다. 프로그램의 다른 요소들에 더 익숙해지면 다양한 안내 명상을 선택, 혼합하여 마음챙김 수련을 자신에게 맞추어 나만의 명상으로 만들 수 있습니다. 중요한 문제는 우리가 알아차림 속에서 머무는 법을 배울 수 있는가, 우리는 점점 더 알아차림의 공간과 그 광활함 안에서 살아가는 법을 배울 수 있는가입니다.

이 책을 읽거나 안내 명상으로 수련할 때, 처음부터 자신의 동기와 의도는 굉장히 중요한 역할을 합니다. 명상은 안내하는 소리를 수

우리가 함께 계발하고 있는
이 모든 수련법은
본질적으로 같은 공간인
자기 가슴의 방,
알아차림 자체의 방으로 들어가는
다른 문입니다.

All these practices we are
cultivating together are in
essence different doors into
the very same room—the
room of your own heart, the
room of awareness itself.

동적으로 듣는 것과는 전혀 상관이 없습니다. 그보다는, 안내하는 소리가 가리키는 것에 귀를 기울이고 자신의 경험에 주의를 기울이며 순간순간 이 모험에 적극적으로 함께 참여하기를 제안합니다. 안내 명상은 하고 싶은 날에도 그렇지 않은 날에도 똑같이 가능한 한 다정하고 규율을 지키며 참여하는 방식으로 명상에 완전히 몰입할 수 있도록 고안되었습니다. 명상을 하고 싶지 않은 날에도 당신이 최대한 주의를 기울이고 참여하는 것이 특히 중요하며, 잠재적으로도 의미심장한 일입니다.

다시 한번 말씀드리자면, 안내 명상 지침을 따르고 자신만의 편안한 수준에서 규칙적으로 명상 수련을 한다면 일단은 명상을 제대로 하는 것입니다. '제대로 하는 것 같다'고 느껴지지 않거나 아무런 효과를 느끼지 못하거나 이전보다 나아진 것 같다는 느낌이 없어도, 여전히 제대로 하는 것입니다. 자신에게 상냥하게 대하고 인내심을 가져 봅니다.

마음챙김은 특별한 느낌을 경험하거나 더 평온하고 편안해지거나 더 깊은 통찰력을 얻거나, 아니면 고통에서 잠시나마 자유로워지는 순간을 경험하는 것이 아닙니다. 특정 순간에 이러한 혜택을 경험할 수도 있고 아닐 수도 있습니다. 아마도 평온함, 더 많은 웰빙의 느낌, 통찰력, 불편함과 고통이 줄어드는 순간을 더 경험하게 될 것입니다. 그러나 당신이 경험하는 무엇이든 바로 다음 순간에 필연적으로 변한다는 사실을 당신은 이미 알게 되었고, 수련을 계속하게 된다면

안내 명상 지침을 따르고
자신만의 편안한 수준에서
규칙적으로 명상 수련을 한다면
일단은 명상을 제대로 하는 것입니다.

As long as you are following the
guided meditation instructions
and practicing on a regular
basis at your own comfort
level, to a first approximation
you are doing it right.

틀림없이 앞으로 더 많이 알고 이해하게 될 것입니다.

따라서 역설적으로 들릴지 모르지만, 마음챙김 수련은 아무리 간절히 원하더라도 바람직한 결과나 특정한 마음이나 몸의 상태를 추구한다거나 집착하는 것이 아닙니다. 이는 통증 완화 같은 전적으로 이해할 만한 욕구에도 적용됩니다. 결과를 원하는 것이 자연스럽고 이해할 수 있는 일이라 할지라도 마음챙김의 힘은 결과에 집착하지 않는 바로 거기에 있습니다. 이는 통증 완화를 위해 다양한 의학적 선택을 이미 시도해 보았지만 도움이 되지 않았거나 충분하지 않았다고 느끼는 경우에는 특히 더 중요합니다.

마음챙김 수련은 열린 마음과 가슴으로 시간을 초월한 이 순간에 실제 펼쳐지고 있는 경험을 **명확하게 보고, 친구가 되는 법(turn toward, see clearly into, and befriend)**을 배우는 것을 의미합니다. 아주 짧은 순간이라도 원하는 결과나 행복한 느낌을 기다리거나 억지로 얻으려고 하지 않습니다. 다시 말해 주의 깊음 그 자체에서, 순수한 알아차림 속에서, 시간을 초월해서, 사물을 있는 그대로 바라보며 쉰다는 뜻입니다.

심각한 통증을 동반하는 만성 질환을 앓고 있다면, 시간이 지남에 따라 '통증 풍경'을 구성하는 '마음 풍경'과 함께 '신체 풍경'이라고 부르는 내면의 영역에 대해 다른 방식으로 친숙해질 것입니다. 모든 종류의 통증, 스트레스, 의학적 진단을 받은 사람들은 이러한 수련이 유익하고 회복적이며 해방감을 준다는 것을 알게 되었습니다. 그리

결과를 원하는 것이

자연스럽고 이해할 수 있는 일이라 할지라도

마음챙김의 힘은

그 결과에

집착하지 않는 바로 거기에 있습니다.

The power of mindfulness

lies precisely in not being

attached to any outcome, even

as natural and understandable

as it is to want one.

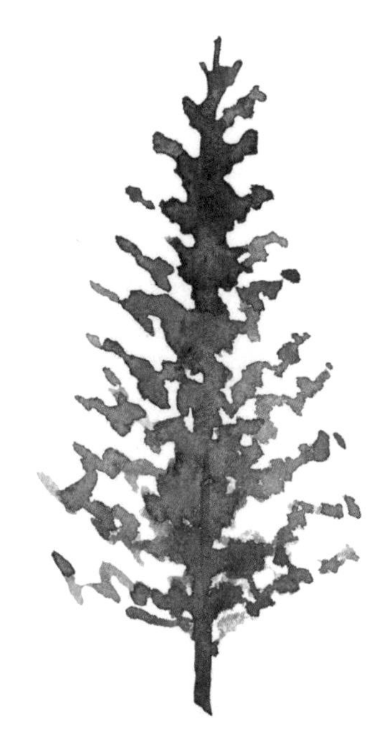

마음챙김 수련은
적절한 의학적 치료가 존재하는 경우
이를 대체하는 것이 아니라,
이를 보완하는 중요한 수단입니다.

Mindfulness practices
are not a replacement
for appropriate medical
treatment when such
treatments exist, but . . .
a vital complement
to them.

고 일시적인 순간뿐만 아니라 종종 며칠, 몇 달, 몇 년, 심지어 몇십 년에 걸쳐 이러한 혜택이 지속되기도 합니다.

마음챙김 수련은 적절한 의학적 치료가 존재하는 경우 이를 대체할 수는 없지만, 보완하는 중요한 수단이 될 수 있습니다. 마음챙김 수련으로 몸에 존재하는 새로운 방식, 있는 그대로의 삶을 받아들이고 사랑하는 새로운 방식, 그리고 그 과정에서 심한 불편함과 괴로움 사이의 공간에서 그저 살아가는 것을 넘어 잘 살아갈 수 있는 중요한 여지를 찾게 됩니다.

안내 명상 - 오디오 형식의 내용을 보완하는 확장 텍스트

안내 명상의 오디오 트랙은 soundstrue.com/mm-for-pain-relief-audio에서 찾을 수 있습니다. 한국어판은 오른쪽 QR코드로 다운받을 수 있습니다.

명상 #1: 호흡에 대한 마음챙김

다시 한번 더 현재 순간으로 돌아가 봅니다. 안내를 들으며 당신의 주의가 말의 저변에 머물러, 그 말이 가리키고 있는 내면의 경험에 주의를 기울여 봅니다. 앉거나 눕거나 다른 어떤 자세를 취하고 있든, 숲속 통나무 위에서 햇볕을 쬐고 있는 소심한 동물에게 다가가는 것처럼 아주 조용하고 부드럽게, 가장 가볍게 접근하며 몸의 호흡 감각에 주의를 모아봅니다. 이렇게 하면, 호흡에 동조하는 동안 어떠한 간섭도 없이 호흡이 저절로 일어나도록 내버려 두게 됩니다.

그저 몸이 숨 쉬는 것과 연관된 감각을 알아차립니다…. 몸에 숨이 들어오는 내내 알아차리고, 몸에서 숨이 나가는 내내 알아차립니다…. 여기 앉거나 누워 있는 동안 매 순간, 한 호흡 한 호흡 알아차립니다.

몸에서 호흡 감각이 가장 생생하게 느껴지는 곳을 알아차려 봅니다. 콧구멍? 복부? 가슴? 몸 전체? 호흡 감각이 가장 생생한 지점에 초점을 모으고, 잠시 머물러 봅니다. 당신의 주의가 호수에서 부드럽게 출렁이는 물결 위에 떠 있는 나뭇잎인 것처럼, 최선을 다해 호흡의 파도를 타봅니다. 매 순간, 매 호흡마다, 몸으로 숨이 들어오는 내내, 숨이 나가는 내내 호흡 전체를 느껴봅니다. 이것은 호흡에 대해 생각하는 게 아니라, 몸이 호흡하는 것을 **감각으로 느끼는** 것입니다.

숨이 들어오고 나갈 때 몸에서 느껴지는 감각에 최대한 주의를 기울이기만 하면 됩니다. 그게 전부입니다. 그리고 가능한 한 순간순간, 호흡 감각에 주의를 기울입니다. 여기에 해야 할 다른 과제는 없습니다. 당신은 자신이 존재할 수 있는 유일한 순간, 즉 지금 이 순간 펼쳐지는 삶의 측면을 경험하고 있을 뿐입니다. 그리고 명확하게 말하자면, 여기서 '경험한다'는 것은 호흡에 대해 생각하는 게 아니라 호흡 감각을 **느끼는 것**을 의미합니다.

말하자면, 매 순간 들어왔다 나갔다 하는 숨을 알아차리는 데 머

당신의 주의가

호수에서 부드럽게 출렁이는

물결 위에 떠 있는

나뭇잎인 것처럼,

최선을 다해

호흡의 파도를 타봅니다.

Riding the waves of

your own breathing, as

if your attention were

a leaf floating on gently

lapping waves on a lake.

물 수 있는지 살펴보는 것입니다. 몸 안의 호흡 감각을 말없이, 어느 정도까지 인식할 수 있는지 알아차려 봅니다. 호흡 감각을 알아차림의 중심에 두고 그 외의 모든 것, 즉 소리, 몸에서 느끼는 다른 감각, 머릿속을 스쳐 지나가는 생각은 주변으로 흘러가도록 내버려두고 알아차림 그 자체에 편안히 쉬어 봅니다. 그저 무한하고 광활한 알아차림 속에서 최대한 편안하게 머무릅니다.

조만간 당신의 주의가 더 이상 호흡에 있지 않다는 사실을 알게 됩니다. 이것은 당연히 일어나는 현상입니다. 아무리 현재에 머물기를 원하더라도 마음은 떠돌아다니기 마련입니다. 어쩌면 몸의 어딘가에서 어떤 식으로든 어려움을 겪으며 강렬한 감각에 사로잡힐 수도 있습니다. 또는 일어나지도 않은 일에 대해 계획을 세우거나 걱정하는 과정에서 이런저런 생각, 기억, 공상으로 생각의 흐름에 휘말릴 수도 있습니다. 아니면 지루함이나 조바심을 느낄 수도 있습니다. 이 중 어느 것도 문제가 되지 않습니다. 이것은 잘못하고 있는 것이 아닙니다. 우리 마음은 모두 거의 같은 방식으로 일을 하기 때문에 이것은 누구에게나 일어날 수 있는 일입니다. 우리는 주의를 분산시키는 기기가 없어도 스스로 산만해지는 데 있어 달인입니다. 마음은 그 지역의 대기 조건에 따라 달라지는 바다의 표면처럼 많이 흔들리는 경향이 있습니다. 또 상당히 격동적일 수도 있습니다. 마음은 무슨 일을 하든 어떤 의도가 있든 상관없이 여기저기 흩어지고, 스스로 산만해지는 경향이 있습니다.

호흡 감각을
알아차림의 중심에 두고,
알아차림 자체에서 휴식을 취해봅니다.
그저 무한하고 광활한 알아차림 속에서
최대한 편안하게 머무릅니다.

**Experiment with resting
in awareness itself as
you feature the breath
sensations, whatever they
may be, center stage in
the field of awareness. . . .
Simply dwelling here as
comfortably as you can in
the boundless spaciousness
of awareness itself.**

이것이 우리 인간이 의도를 가지고 주의력을 훈련하지 않으면 어떤 것에도 오랫동안 집중하기가 어려운 주요한 이유입니다. 그러므로 그런 순간에 대처하기 위한 중요한 지침이 하나 더 있습니다. 호흡 알아차림이 사라졌다는 것을 발견하면, 그 순간에 마음을 차지하고 있는 것이 무엇인지 간단히 살펴봅니다. 그런 다음 그것이 감각, 생각, 감정, 기억, 망상, 욕구, 멜로 드라마 등 무엇으로든 알아차릴 수 있도록 부드럽게 허용합니다. 다만 그것이나 당신 자신을 평가하지 말고, 밀어내거나 추구하지 않습니다. 대신 몸에서 느껴지는 호흡 감각으로 부드럽게 주의를 되돌려 다시 한번 알아차림의 영역에서 호흡을 중심 무대에 올려놓습니다.

우리 모두 그러하듯 마음이 여기저기로 방황하는 경향이 매우 강하다는 것을 알게 된다면, 어떤 식으로든 생각의 흐름에 사로잡혀 있다는 것을 **알아차릴 때마다** 똑같은 지침을 적용해 봅니다. 즐겁거나 불쾌하거나(또는 둘 다 아니거나), 감정이 충만하거나 지루하거나, 미래나 과거에 관한 것이든 무엇이 마음에 있는지 알아차립니다.

다시 말해 그것의 본질을 생각, 감정, 소리, 감각 등으로 인식하는 것입니다. 또한 당신이 그것을 위해 얼마나 많은 에너지를 쓰는지 혹은 그것이 당신에게 얼마나 많은 영향을 미치는지 주목해 봅니다. 그리고 가능한 한, 판단하려는 경향이 매우 강하더라도 이 모든 것을 판단하지 않도록 노력합니다. 어떤 일이 일어나든 최선을 다해 알아차림의 영역에서 하나의 사건으로 인식합니다. 그런 다음 의도적으로 호흡 감각과 같은 주요 선택 대상으로 주의를 다시 돌려보냅니다. 그리고 그저 그것을 놓아두고, 지나가게 내버려 둡니다.

우리는 이러한 방식으로 계속 반복적으로 수련합니다. 마음이 다른 곳에 있다는 것을 깨달을 때마다, 그 순간 마음에 떠오르는 것을 알아차리고 몸의 호흡 감각으로 돌아옵니다. 그리고 앞서 말한 것처럼 우리는 어떤 식으로든 자신을 판단하거나 질책하지 않고 최선을 다해 수련합니다. 왜냐하면 이것이 마음의 본성이기 때문입니다. 마음은 방황하고 혼자서도 산만해지고, 공상하고 판단하는 것이 본성입니다. 이것은 개인적인 문제도 아니며, 명상을 잘못하고 있다는 신호도 아닙니다. 마음이 호흡에서 멀어졌다는 것을 아는 것 자체가 알아차림입니다. 그리고 항상 가장 중요한 것은 알아차림입니다. 명상은 대상에 관한 것이나 무엇에 주의를 기울이는가에 관한 것이 아니라 언제나 주의 기울기 자체에 관한 것입니다. 따라서 이제, 현재 우리가 주의를 기울이는 주요 대상, 이 경우 몸의 호흡 감각으로 계속 돌아오면서 마음이 멀어졌다는 것을 발견할 때마다 반복적으로 돌아오라는 지침을 따르면 됩니다.

하지만 중요한 것은 그 순간에 떠오르는 생각이 무엇이든 주목한다는 것입니다. 또한, 우리는 주의가 얼마나 쉽게 흐트러지는지도 알아차립니다. 이러한 방식으로 우리는 있는 그대로의 모습과 다르게 만들려고 강요하지 않고 매 순간, 매 호흡 알아차림에 **머무는** 타고난 능력을 개발하고 있습니다. 우리는 바로 이 순간에 가장 부드럽게 접근해서 최선을 다해 우리에게 펼쳐지는 것을 파악합니다. 그리고 이것도…, 그리고 이것도….

있는 그대로의 이 순간, 이 호흡, 여기 앉아 있거나 여기 누워 있는 이 순간, 존재의 영역에서 쉬고 있는 이 순간, 온전한 알아차림으로 자신의 삶과 몸에 머무는 이 순간으로 계속해서 알아차리며 돌아오는 한 잘못될 일은 없습니다.

따라서 매 순간, 매 호흡마다 알아차림 속에서 휴식을 취합니다. 호흡에 주의를 기울이고 있지 않다는 것을 깨달을 때마다 현재 마음이 어디에 있는지 보며, 최선을 다해 친절하게 반복해서 호흡 감각으로 돌아갑니다. 명상 수련을 근본적인 온정신의 행위이자 사랑의 행위로 보고, 마치 자신의 삶이, 특히 삶의 질과 매 순간의 질이 명상 수련에 달린 것처럼 여기는 게 좋습니다. 안내 목소리를 들으며 수련을 계속하면서, 그저 최선을 다해 지시에 몸을 맡기고, 참여해야 할 부분을 따라가며 종소리가 들릴 때까지 이어나갑니다.

명상 #2: 통증에 대처하는 방법

이제 당신은 이렇게 생각할 수 있습니다. **이 지침들은 다 훌륭하고 좋은데, 계속 통증에 주의가 가기 때문에 호흡에 집중할 수 없을 때는 어떻게 해야 합니까? 또는 통증에 대한 그리고 얼마나 아프고 고통스러운지에 대한 생각과 감정이 끊이지 않습니다. 그럼 어떻게 해야 합니까?**

마음이 다른 곳에 있다는 것을 깨달을 때마다…
몸의 호흡 감각으로 돌아옵니다.
이것을 우리 자신을 판단하지 않고
최선을 다해서 합니다….
명상은 항상 대상에 관한 것이나
무엇에 주의를 기울이는가에 관한 것이 아니라
주의 기울기 자체에 관한 것입니다.

Each time we realize that the
mind is off someplace else . . .
we come back to the breath in
the body. And we do this as
best we can, without judging
ourselves. . . . Meditation is
always about the attending
itself rather than the object
or objects of attention,
which could be anything.

매 순간, 매 호흡마다
알아차림 속에서 휴식을 취합니다.
호흡에 주의를 기울이고 있지 않다는 것을
깨달을 때마다
현재 마음이 어디에 있는지 보며,
최선을 다해 친절하게 반복해서
호흡 감각으로 돌아갑니다.

Resting in awareness breath
by breath and moment by
moment, and returning to
the breath sensations over
and over again, as best you
can with a degree of kindness
toward yourself, each
time you realize that your
attention is no longer on the
breath and you see what is
presently on your mind.

바로 이 지점에서 통증과 괴로움의 고리가 마음챙김 수련의 길과 만나게 됩니다. 강렬한 감각은, 특히 격앙된 생각과 감정이 함께 있는 경우에는 호흡 감각이나 경험의 다른 모든 측면에 오랫동안 주의를 기울이지 못하게 되는데, 이를 다루는 효과적인 전략이 많이 있습니다.

다음 안내 명상에서는 생각과 감정에 대해 다룰 것입니다. 하지만 지금은 먼저 수련할 때 어떤 자세가 가장 편안한지 찾아내는 것이 중요합니다. 앉거나 눕는 것, 무릎 꿇고 앉거나 서거나 쪼그리는 등 자신에게 더 적합한 자세가 있다면 그 어떤 자세도 상관없습니다. 지금 이 순간 자신의 몸에 가장 도움이 되는 자세가 어떤 것인지 자신에게 물어보는 것도 도움이 됩니다. 침대나 부드러운 바닥에 눕는 것이 좋을 수도 있고, 편안하면서도 지탱이 되는 의자나 등받이가 있는 의자에 앉는 것이 좋을 수도 있습니다. 이것은 오직 본인만이 알 수 있습니다. 맞는 자세를 찾기 위해서는 몸이 기본적으로 요구하는 것과 특정 순간에 느낄 수 있는 한계를 알 때까지 공식 수련 초기 단계에서 몇 번의 실험이 필요할지도 모릅니다. 만성적인 통증이 있는 상태에서 바닥에 앉는다는 것이 이상하게 들릴 수 있지만, 시도해 볼 가치는 있습니다. 이때 충분한 높이의 안정된 명상 방석 위에 엉덩이가 무릎보다 높이 위치하도록 앉아 봅니다. 이 자세는 고관절이 얼마나 유연하고 어느 정도 벌어지는가에 따라 달라질 수 있습니다. 무릎이 구부러지는 곳에는 언제든지 여분의 방석이나 담요를 말아 올려 무릎을 받쳐줄 수 있습니다. 충분히 유연하다면, 방석 위에서 한쪽 다리와 발을 다른 쪽 다리 앞으로 내밀고 두 다리를 교차하는 버마 자세(Burmese posture, 평좌)로 앉을 수도 있습니다. 방석을 많이 깔수록 편할 수 있습니다.

어떤 경우에는, 편안한 등받이 의자에 앉아 발을 교차하지 않고 바닥에 평평하게 닿게 하고 허리 아래쪽에 쿠션을 받쳐서 앉는 방법이 가장 좋을 수도 있습니다. 혹은 무릎과 머리 또는 필요한 부분에 베개를 놓고 눕는 방법이 가장 편안할 수도 있습니다. 또한 옆으로 누워보는 것도 도움이 될 수 있습니다. 자신의 직감을 믿고, 짧은 시간이라도 어떤 방법이 가장 효과적인지 계속 실험해 봅니다.

자세가 안정되고 불편한 느낌이 거의 없다면, 다시 있는 그대로 현재 순간에 몰두하여 콧구멍이나 배 또는 가장 잘 느껴지는 곳 어디에서든 몸의 호흡 감각을 느껴봅니다. 어떤 자세를 취하더라도, 한 번의 들숨과 그다음 날숨에만 주의를 기울일 수 있는지 살펴봅니다. 그렇다면, 다음 호흡까지 알아차림을 이어갈 수 있는지 살펴봅니다. 다음 들숨은 아무리 고통스러워도, 어떤 생각이 들더라도 다가올 것입니다. 그러니 다시 한번 자신을 매우 친절하게 대하면서 새롭게 들이마시는 호흡, 또는 반 호흡에 주의를 기울일 수 있는지 실험해 볼 수 있습니다. 이것이 가능하다면, 알아차림과 친절함이 자연스럽게 내쉬는 호흡으로 이어지도록 실험해 봅니다.

만약 이것이 도움이 된다면, 반 호흡에 주의를 기울이는 것을 **목**

표로 하여, 다음 호흡으로 이어갈 수 있는지 보면서 주의를 **지속하는** 실험을 할 수 있습니다. 비록 몸의 다른 곳으로 주의가 가게 되는 강렬한 감각이 있을 수 있지만, 의도적으로 각 호흡에 주의를 기울이고, 그것을 계속 목표로 삼고 유지하는 것을 우선순위로 둡니다. 이때 가장 부드럽게 접근하되 의도를 가지고, 단호하게 시도해 봅니다. 지금 이 순간에 가능할 수 있는 것에 단순히 마음을 여는 태도로 임합니다. 실험과 발견의 정신으로, 그리고 당신의 몸, 당신의 순간, 당신의 삶을 되찾는다는 정신으로 매 순간, 매 호흡에 있는 그대로의 경험을 받아들입니다.

만약 이 전략으로도 호흡 감각에 주의를 집중하는 데 효과가 충분하지 않다고 느낀다면, 다른 실험을 해볼 수 있습니다. 호흡 감각에만 주의를 집중하려고 노력하기보다는 의도적으로 알아차림 안에 주의가 가는 부위를 포함할 수 있습니다.

몇 번의 들숨과 날숨, 또는 심지어 한 번의 들숨이나 날숨 동안이라도 알아차림의 중심에 호흡 감각을 두는 게 가능하다는 것을 알게 되었다고 가정해 보겠습니다. 그러나 바로 다음 순간, 아마도 허리, 무릎, 목 또는 머리 등 다른 부위에서 불편함이 강하게 느껴져서 호흡 감각을 잃어버리고 힘겨워 할 수 있습니다. 아마도 당신은 통증이 조금이라도 완화되거나 완전히 사라져서 예전의 일상을 되찾을 수 있기를 바라고 있을지도 모릅니다.

이런 생각이 떠오를 때, 그런 순간에 시도해 볼 수 있는 또 다른

실험과 발견의 정신으로,
그리고 당신의 몸, 당신의 순간, 당신의 삶을
되찾는다는 정신으로
매 순간, 매 호흡에 있는
그대로의 경험을 받아들입니다.

Simply taking things
moment by moment and
half breath by half breath, in
a spirit of experimentation
and discovery and of
reclaiming your body, your
moments, and your life.

전략이 있습니다. 아픈 부위 **안쪽으로** 숨을 들이쉬는 것처럼 합니다. 마치 그 부위가 어디든 숨의 에너지를 그 부위로 직접 보낼 수 있다는 마음으로 숨을 들이마십니다. 그리고 나서 숨을 내쉴 때도 그 부위에서 내쉬어봅니다. 이렇게 함으로써, 호흡을 아픈 부위의 감각과 연결하고, 매 순간 알아차림이 호흡과 통증에 동시에 머물도록 합니다.

해변의 파도처럼 숨을 들이쉴 때마다 해당 부위를 부드럽게 적시고, 내쉴 때마다 해당 부위를 씻어 내는 것을 경험합니다. 통증을 없애려 하거나 그 강도를 어떤 방식으로든 감소시키려고 하지 않습니다. 그저 호흡 감각과 함께 그 부위의 모든 감각을 경험하고, 해변의 파도가 밀려왔다가 다시 밀려나가듯이 호흡과 감각의 파도가 밀려왔다가 밀려나가는 것을 반복해서 경험하는 것입니다.

가장 부드럽게 접근하여, 최선을 다해 이 경험에 머무르면서 무슨 일이 일어나는지 관찰합니다. 아마도 이것은 현재 순간의 더 큰 경험, 즉 비판단적인 알아차림● 속에서 실제로 **머물면서** 통증이나 불편함과 같은 원치 않는 경험을 위한 공간을 만들고 이들을 통합하는 방법이 될 수 있다는 것을 알아보는 것입니다. 다르게 말하면 존재 방식(a Way of being), 즉 도(道)로서의 마음챙김을 발견하는 것입니다. 아마도 이러한 방식으로 마음챙김을 기르는 것은 어쩌면 현재 어떤 불편

● 비판단적인 알아차림에는 우리가 얼마나 판단적인지 판단하지 않고, 판단을 많이 하고 있음을 알아차리는 것이 포함될 수 있다.

함이 있더라도 점점 그 불편함과 **친구가 되는** 방법입니다. 또 원치 않는 감각 심지어 매우 강렬한 감각에 대해서도 환영의 매트를 깔고 그런 다음 그들을 알아차림의 장으로 초대할 때 어떤 일이 일어나는지 호흡의 흐름과 함께 지켜볼 수 있는 방법입니다.

이렇게 유지되면 이 순간은 불편함을 벽으로 분리하거나 무시하거나 불편함에 압도당하는 대신 불편함과 함께 용감한 모험을 할 수 있는 완벽한 기회가 됩니다. 이것은 우리가 평소에 그냥 사라졌으면 좋겠다고 생각했던 것들에 대해 친밀감을 더 많이 키울 수 있는 완벽한 기회입니다. 결국 이 순간에도 그것은 이미 강렬하고 원하지 않는 감각의 형태로 여기에 있습니다. 그래서 불편함에서 돌아서거나 그것을 딴 데로 분산시키려는 시도는 과학적 연구에 따르면 거의 효과가 없습니다. 이상하게 들릴 수 있지만, 감각 특히 매우 강렬한 감각에 대해서는 온전히 알아차리면서 감각으로 바로 들어가는 것이 더욱 효과적입니다.

이런 방식으로 통증 경험에 대해 더 친밀감을 기를 수 있고, 치유적이고 회복적인 방식으로 통증을 이해할 수 있습니다. 비록 들숨의 절반이나 날숨의 절반이라는 짧은 순간에 스치듯 보거나, 그 순간 동안만 할 수 있더라도 온전한 알아차림과 어느 정도의 부드러움으로 통증에 주의를 기울이면 됩니다.

가끔 이런 식으로 불편함을 잠시 살펴보고, 호흡에 대한 알아차림을 활용하여 주의를 고정하고, 계속 반복해서 돌아오는 실험을 합

호흡을
아픈 부위의 감각과 연결하고,
매 순간마다 알아차림이
통증과 호흡에 동시에 머물도록 합니다.

You are coupling the breath
with the sensations in the
area that is hurting and
allowing your awareness to
hold them both simultaneously,
moment by moment.

니다.

계류장(배를 대고 매어 놓는 장소-옮긴이 주)에 묶어놓은 배가 조류에 따라 이리저리 표류하지만 계속 묶여 있는 것처럼, 시간이 지남에 따라 마음도 호흡과 현재 순간에 묶어 둘 수 있다는 것을 알 수 있습니다. 또한 통증이 항상 같지는 않고, 균일한 실체도 아니며, 강도나 신체 내 위치 또는 감각의 특성이 종종 변한다는 것을 알 수 있습니다. 매 순간 또는 매 시간마다 호흡이 이런저런 방식으로 어떻게 흘러가는지 알아차릴 때, 호흡과 알아차림 자체로 계속 돌아올 수 있습니다. 그 과정에서 자신의 삶을 되찾기 위한 이 친밀하고 지속적인 실험에 더욱 민감해지고 계속 참여하게 됩니다.

자신의 삶을 되찾기 위한 이 친밀하고 지속적인 실험에, 특히 감각이 강렬하게 느껴지는 순간에 당신이 수련에 도입할 수 있는 또 다른 요소가 있습니다. 자신에게 "고통에 대한 알아차림이 고통스러운 경험인가?"라고 물을 수 있습니다. 그리고 바로 다음 순간에 살펴보고 확인할 수 있습니다. 자신의 경험을 스스로 탐구하고, 조사하고, 아주 작은 순간이라도 최선을 다해 확인하고, 그것이 고통인지 아닌지 확인할 수 있습니다. 제 경험에 따르면, 제가 경험하는 고통에 대한 알아차림 자체는 고통스러운 경험이 아닙니다.

그렇긴 하지만, 알아차림 속에서 휴식을 취하는 것이 항상 그렇게 쉬운 것은 아닙니다. 아마도 당신은 이미 그렇다는 것을 스스로 발견했을 것입니다. 특히 많이 아프다면 더욱 쉽지 않습니다. 열린 마음

계류장에 묶어놓은 배가
조류에 따라 여기저기 표류하지만
계속 묶여 있는 것처럼,
시간이 지남에 따라 마음도 호흡과 현재 순간에
묶어 둘 수 있다는 것을 알 수 있습니다.
또한 통증이 항상 같지는 않고,
균일한 실체도 아니며,
강도나 신체 내 위치 또는 감각의 특성이
종종 변한다는 것을 알 수 있습니다.

Like a rowboat hitched to a
mooring, drifting with the
currents as it remains tethered,
over time you may notice that you
can also tether your mind: to the
breath, to the present moment.
You may notice as well that your
pain does not stay the same, that it is
not a monolith, that it tends to
change in intensity, or in location
in the body, or in the qualities
of the sensations themselves.

으로 수용하고, 친절하고 연민심 있는 마음으로, 끊임없이 변화하는 다양한 감각과 함께 품어 안고 지지하고 감싸줄 수 있는 알아차림에 머무는 법을 배우면, 불편함이 다소 덜한 순간이 올 때 엄청난 혜택을 얻을 수 있습니다.

그렇기 때문에 아주 짧은 순간에도 몸에서 일어나는 일을 몇 번이고 반복해서 알아차림하는 게 매우 도움이 됩니다. 그래서 원하지 않을 때조차도 환영의 매트를 내놓고, 원치 않아도 항상 지금 이 순간에 일어나는 고통스러운 감각도 최선을 다해 수용하고 친밀감을 키웁니다. 동시에 존재할 수 있는 중립적이거나 유쾌한 감각도 알아차리고 포용하는 것도 큰 도움이 됩니다.

이것은 우리가 앞에서 다룬 친구가 되는 과정입니다. 우리가 알아차림 속에서 쉬거나 고통에 대한 우리의 알아차림 자체가 고통스럽거나 괴로운 경험이 아닐 수도 있다는 것을 볼 때, 우리는 고통에서 분리되는 것이 아닙니다. 오히려 우리는 단지 우리의 존재에 고통보다 더 다양한 측면들이 있다는 것을 발견하고, 우리가 처한 모든 상황과 조건들에 더 현명하게 접근할 수 있는 이러한 선천적인 능력들을 끌어낼 수 있다는 것을 발견할 뿐입니다.

우리는 우리 자신에게 특정한 방식을 강요할 수는 없지만, 우리가 처한 상황과 관계를 맺는 방식에 대해서는 선택의 여지가 많습니다. 우리는 항상 무의식적인 상태에서 **자동으로** 반응하는 대신 **마음챙김으로** 응대하도록 선택할 수 있습니다. 이를 통해 고통스럽고 어

우리는 단지
고통보다 더 큰
우리 존재에 다양한 측면들이
있다는 것을 발견하고,
우리가 처한
모든 상황과 조건들에
더 현명하게 접근할 수 있는
이러한 다른 선천적인 능력들을
끌어낼 수 있다는 것을 발견할 뿐입니다.

We are simply discovering
that there are aspects of our
being that are larger than our
pain, and that we can draw on
these other innate capacities
to be in wiser relationship
to all the circumstances and
conditions we find ourselves in.

려운 요소들을 포함한 경험의 모든 측면을 하나의 삶으로 통합하고 적어도 그 순간만큼은 우리의 삶에 있어 경험의 전체 스펙트럼을 되찾을 수 있습니다.

고통과 그 고통이 끊임없이 전하는 메시지로 삶의 질이 저하되고 위축되는 느낌이 들더라도, 우리는 여전히 친질과 연민, 수용과 열린 마음으로 현재의 순간을 받아들이도록 알아차림을 끌어낼 수 있습니다. 이러한 능력들은 여전히 그리고 항상 인간이 만들어낼 수 있는 목록의 친밀한 부분이며, 원치 않는 일 앞에서도 사라지지 않습니다. 우리가 종종 우리 삶의 숨겨진 차원에서 사는 법을 배울 때, 바로 이 순간에 인간으로서의 본질적인 아름다움이 계속해서 드러납니다. 지금 이 순간에, 이 순간에, 이 순간에.

남은 수련 시간 동안 종소리가 들릴 때까지 호흡을 알아차리며 여기에서 쉬면서, 우리가 지금까지 살펴본 다양한 방식으로, 일어날 수 있는 모든 강렬한 감각을 다루고 지침을 실행하면서 매 순간 자신의 경험에 머물 수 있는지 살펴봅니다….

명상 #3: 통증과 관련된 생각과 감정 다루기

여기에 앉거나 누워서 현재 순간에 머물며 다시 한번 호흡에 주의를 기울이면서 일어날 수 있는 강렬한 감각에 우리가 수련해 온 방식을 최선을 다해 적용해봅니다. 여기서 자신의 창의력과 즉각적인 결과를 보지 않고도 그 과정에 머무를 수 있는 자신의 능력을 신뢰합니다.

우리가 종종
우리 삶의 숨겨진 차원에서
사는 법을 배울 때,
바로 이 순간에
인간으로서의 본질적인 아름다움이
계속해서 드러납니다.

As we learn to inhabit this
often-hidden dimension of
our life, our intrinsic beauty
as a human being in this
very moment is revealed,
again and again and again.

한 번 또는 두세 번의 들숨과 날숨을 반복하는 동안 온전히 알아차리며 호흡의 파도를 탈 수 있는지 살펴봅니다.

그리고 자리를 잡고, 호흡과 신체를 넘어 현재 경험하고 있는 모든 생각과 감정으로 알아차림이 확장되도록 하여 그것들을 알아차림 영역의 중심에 놓습니다.

아마도 당신의 생각과 감정에는 그들만의 생명이 있다는 것을 이미 알고 있을 것입니다. 생각과 감정은 마음속에서 나타났다가 사라지는 일시적인 현상일 뿐입니다. 떠오르고, 잠시 머물다가 금방 사라집니다. 그러나 이러한 생각과 감정은 때때로 그것들과 관련되어 너무 많은 힘과 에너지를 요구하기 때문에 호흡 감각이나 신체의 다른 감각에 온전히 집중하는 데 방해가 될 수 있습니다. 이러한 것은 유쾌하거나 불쾌하거나 중립적이거나 몸 전체에 대한 감각에서 비롯된 것이든 상관없이 그렇습니다.

여기 앉거나 누워서 생각과 감정이 떠오르고 잠시 지속하다 사라지는 것을 알아차리면서, 호흡과 몸에 주의를 기울일 수 있는지 살펴봅니다.

가능한 한, 떠오르는 각각의 생각을 생각이라고 알아차릴 수 있는지, 그 내용과 감정의 강도를 모두 알아차릴 수 있는지 살펴봅니다. 다시 말하지만, 가능한 한 생각의 내용이나 감정에 휘말리지 않고 생각이 떠오르고 사라지는 것을 지켜봅니다. 마음이 흔들리거나 길을 잃는 것은 반복해서 일어날 수밖에 없는 일이지만, 그럴 때마다 생각

당신의 생각과 감정에는
그들만의 생명이 있습니다.
생각과 감정은
마음속에서 나타났다가 사라지는
일시적인 현상일 뿐입니다.
그것들은 떠오르고,
잠시 머물다가 금방 사라집니다.

Thoughts and emotions have
a life of their own. They
are simply fleeting events
appearing and disappearing
in the mind. They arise,
linger perhaps for a moment,
and quickly pass away.

은 생각이라고, 감정은 감정이라고 알아차리고 다시 돌아오는 것입니다. 비록 우리가 생각과 감정에 주의를 기울이기 위해 가장 부드럽게 접근한다고 해도, 이를 지속하기는 어려울 수 있습니다. 따라서 도움이 되고 안정이 된다면 언제든지 호흡 감각에 대한 알아차림에 반복해서 닻을 내릴 수 있습니다. 사실 생각을 생각이라고, 감정을 감정이라고 아는 것 자체가 알아차림입니다. 마음이 생각이나 감정에 빠져들었다는 것을 알아차리는 순간은 이미 주의력이 돌아왔다는 직접적인 증거입니다.

물론 우리의 삶은 복잡하며, 우리는 현실이든 상상이든 거의 모든 것을 생각할 수 있습니다. 그 생각들은 과거나 미래 또는 현재에 관한 것일 수 있습니다. 그러나 우리가 의도를 가지고 생각을 직접 바라보고 **생각을 생각이라고 보려고 할 때**, 금방 달아나버리는 소심한 동물 같은 생각을 실제로는 파악하기가 상당히 어렵다는 사실을 알 수 있습니다. 수련할 때 생각에 바로 휩쓸리지 않고 그것을 알아차리려면 어느 정도의 여유와 안정감, 고요함이 필요할 수 있습니다. 하지만 잠시라도 가만히 주의를 기울이면 우리는 생각이 끊임없이 나타나고, 사라지고, 의견을 말하고, 반응하며, 판단하고, 무언가를 갈망하는 것을 발견할 수 있습니다. 그리고 그 모든 생각과 함께 다양한 감정이 있습니다. 이 감정은 일반적으로 우리의 생각과 바로 그 생각에서 비롯하여 자신에게 하는 이야기와 밀접하게 연관되어 있습니다.

매우 조용하고 고요한 상태를 유지하면서 지금 이런 일이 일어나고 있다는 것을 느낄 수 있습니까?

이번 명상에서 우리는 일어나는 모든 생각이나 감정을 알아차리게 됩니다. 특히 '통증'이라는 단어가 생각이라는 사실을 포함하여, 몸에서 특정 순간 경험하는 감각과 관련된 생각이나 감정을 알아차립니다.

그러므로 몸이 심하게 불편하다고 느끼는 것에 대해 자주 생각하는지, 그리고 그때마다 얼마나 자주 자동적으로 '아프다'고 생각하는지 알아차리면 도움이 많이 될 것입니다.

방금 이야기했듯이 '통증'이라는 말은 직접적인 경험이라기보다 하나의 생각이기 때문에 통증이 나타날 때 적어도 일정 시간 동안 '통증'이라고 하지 않는 실험을 해볼 수 있습니다. 통증이 있다는 것은 경험 그 자체가 아닙니다. 그것은 단지 느낄 수 있을 뿐입니다. 따라서 자신이 경험하고 있는 것을 '강렬한 감각'이 아닌 '통증'이라고 생각할 때, 감각의 강도가 더 커지는지 그리고 괴로움도 더 커지는지 스스로 조사해 보고 살펴볼 수 있습니다.

그것은 감각적인 경험 그 자체가 아니라 단지 생각일 뿐이기 때문에 지금 당장 아프다고 하지 않는 실험을 해볼 수 있을까요? 가끔 자신을 들여다보고 이것이 자신에게 해당하는지 살펴보는 것은 어떻습니까?

지금은 어떻습니까?

때때로 심하게 아픈 감각에 대한 생각은 **"죽겠다"**, **"더 이상 견딜**

수 없어", "이게 언제까지 이어질까?" 와 같은 말로 표현될 수 있습니다. 또는 **"내 인생은 엉망진창이야", "나는 이 통증에서 영원히 벗어날 수가 없어", "나에게 희망은 없어"**와 같은 말일 수도 있습니다.

우리는 모두 가끔 이런 생각을 합니다. 그것들은 마음속의 폭풍과 같은 것이며, 단순한 난기류 같은 것에 불과합니다. 우리가 이런 생각을 하는 것은 전적으로 이해할 수 있지만, 그것들이 단지 반응적인 생각이며 우리가 생각하는 것처럼 반드시 사실이 아닐 수도 있다는 것을 알 필요가 있습니다. 물론 이러한 생각 중 어느 하나도 통증 그 자체가 아닙니다.

그것들은 모두 통증과 **'관련한(about)'** 생각이며, 아마도 통증에 대해 자신에게 하는 이야기일 수도 있습니다. 사실 그러한 생각과 그에 수반되는 감정이 자신도 모르는 사이에 통증과 괴로움을 경험하는 데 기여할 수 있다는 사실조차 깨닫지 못할 수도 있습니다. 통증에 대한 생각과 감정을 알아차리는 것만으로도 시간이 지남에 따라 당신이 겪고 있는 괴로움을 감소시키는 매우 강력한 효과를 가져올 수 있습니다.

그렇다면 생각과 감정에 대한 알아차림을 마음챙김 수련에 통합하고, 생각과 감정이 당신의 알아차림 영역에 나타날 때 그것이 생각과 감정이라고 알아차릴 수 있을까요? 마음챙김 수련에서 당신이 생각, 감정 또는 몸에서의 감각, 소리 또는 삶의 다른 측면 어떤 것을 선택하더라도 그것은 알아차림의 대상이 됩니다.

통증에 대한 생각과 감정을

알아차리는 것만으로도

시간이 지남에 따라

당신이 겪고 있는

괴로움을 감소시키는

매우 강력한 효과를 가져올 수 있습니다.

Just bringing awareness to

your thoughts and emotions

about the pain may, over time,

have a very dramatic effect

in reducing the degree of

suffering you're experiencing.

지금 경험하고 있는 감각이 아무리 강렬하더라도, **순수하고 단순한 감각**으로 보고 느낀다면, 감각에 대한 이러한 생각이 괴로움을 강화하면서 실제로는 상황을 더욱 악화시킬 수 있다는 것을 알 수 있습니다. 감각에 대한 생각을 생각이라고 알아차리고 어떤 감각을 밀어내거나 추구하지 않고 그대로 두는 것은 어차피 그것이 이미 여기에 있기 때문에 감각에 대한 환영의 매트를 내놓는 것이라 할 수 있습니다.

감각, 생각, 감정을 알아차리고 있는 당신의 한 부분이 고통스럽다거나 이러한 생각과 감정에 의해 전혀 지배되지 않는다는 것을 깨닫고 **지금** 그냥 받아들이는 것은 어떨까요?

알아차림은 개념적 명칭이나 설명 그리고 우리가 자신에게 하는 이야기 없이도 우리의 감각, 생각, 감정을 직접 알 수 있습니다. '나의 통증'이나 '나의 괴로움' 또는 '나에 대한 진실'과 같은 것을 자신과 동일시하지 않을수록, 현재 이 순간 이미 더 많은 자유를 얻게 됩니다.

생각은 생각일 뿐 사물의 진실이 아니며, 감정은 감정일 뿐 이 또한 사물의 진실이 아니라는 알아차림. 바로 이러한 알아차림은 경험의 모든 측면을 받아들이고 살펴볼 수 있는 타고난 능력입니다. 이것은 하루 중 일정한 시간 동안 공식 명상을 수련할 때뿐만 아니라 비공식적으로 일상생활의 모든 순간, 활동 및 참여 속에서 마음챙김할 때에도 마찬가지입니다. 명상 수련을 계속하면서 떠오르는 생각과 감정을 알아차리고 알아차림 자체에 머물 수 있는지 살펴보라고 언제나 똑같이 제안합니다. 그리고 그것이 도움이 되고 안정감을 준다면, 종소리가 들릴 때까지 순간순간 몸에서 느껴지는 호흡 감각을 알아차리는 데 최선을 다해 집중합니다.

명상 #4: 알아차림 속에서 휴식하기

이 특별한 명상은 혼란이나 어려움 속에서 현재의 순간에 자리를 잡고 어느 정도의 균형과 관점을 되찾아야 한다고 느낄 때를 위해 고안됐습니다. 5분 정도밖에 걸리지 않으므로 한 시간에 한 번씩이라도 원하는 만큼 자주 사용할 수 있습니다. 물론 안내 없이 해도 괜찮습니다.

이 수련은 집이나 직장, 버스나 공원에 앉아서도 할 수 있습니다. 배운 모든 것을 적용하여 언제 어디에서든 균형감, 회복력 또는 자기-연민의 느낌을 되찾고자 할 때 사용하는 방법입니다. 이 수련은 앉아서, 누워서, 서서 또는 걸으면서, 모든 순간에 존엄함, 깨어있음, 편안함을 본질적으로 구현하는 자세를 취하거나 다시 정립할 수 있다는 점을 기억하는 데 도움이 됩니다.

현재의 순간을 있는 그대로 받아들이고 알아차림 속에 머물며 이미 느끼고 있는 감정이 무엇이든 느낄 수 있도록 허용하는 것부터 시작해봅니다. 시간에 쫓기든, 스트레스를 받든, 초조하든, 불안하든, 우울하든, 고통스럽든, 그것이 무엇이든 간에 약간의 친절한 관심이 필요한 감정이라면 무엇이든 느껴봅니다.

가능한 한 지금 이 순간에 존재하는 다양한 감정과 상황을 온전

바로 이러한 알아차림은
경험의 모든 측면을
받아들이고 살펴볼 수 있는
타고난 능력입니다.

This very awareness is an
innate capacity within
which you can embrace and
take a look at all aspects of your experience.

히 알아차립니다. 이때 무언가 할 필요도, 바꿀 필요도, 사라지게 할 필요도 없으며, 일어나는 모든 일이나 자신을 판단하지 않습니다. 그리고 자신과 다른 모든 일을 얼마나 많이 판단하고 있는지 알아차리고 또 그 사실을 판단하지 않습니다. 최선을 다해, 여기에 있는 모든 것을 환영해 줍니다. 왜냐하면, 이미 여기 있기 때문입니다! 유쾌하든, 불쾌하든, 중립적인 것이든 상관없이 인정하는 게 좋습니다. 몸의 호흡 감각에 닻을 내리고 시간을 초월하여 현재 이 순간 여기에 존재하는 모든 것을 알아차리고 환영하고 받아들입니다.

이 시점에서, 마치 스포트라이트를 비추듯 알아차림 영역에서 경험의 특정 측면을 중심 무대에 놓고 즐겨볼 수 있습니다. 몸에서 느껴지는 강렬한 감각, 지금 이 순간 자신에게 들려주는 이야기, 생각, 불안한 감정, 기쁨, 성취감, 심지어는 지금 이 순간 몸 안에 편안히 존재하는 느낌 등 이미 여기에 있는 어떤 것이든 초점을 맞추고 싶은 것이면 무엇이든 될 수 있습니다.

그와 함께 그저 호흡만 하면 됩니다. 숨을 들이쉬고 내쉬고, 들이쉬고 내쉽니다. 엄마가 아이를 안을 때처럼 커다란 사랑으로 온전히 받아들이며 아주 부드럽게 알아차리기만 하면 됩니다. 떠오르는 **모든 감각을 감각으로, 모든 생각을 생각으로, 모든 감정을 감정으로** 알아차리고 수용합니다.

이 수련의 마지막 1~2분 동안, 마음속 넓은 공간에 머무르면서 모든 감각, 생각, 감정이 하늘에서 구름이 떠가듯 또는 물 위에 글을

지금 이 순간에 존재하는
다양한 감정과 상황을
온전히 알아차립니다.
이때 무언가 할 필요도, 바꿀 필요도,
사라지게 할 필요도 없으며,
일어나는 모든 일이나 자신을
판단하지 않습니다.
그리고 자신과 다른 모든 일을
얼마나 많이 판단하고 있는지 알아차리고
또 그 사실을 판단하지 않습니다.

Bringing full awareness to the
constellation of feelings
and circumstances that are
present in this very moment,
without having to do anything
or change anything, without
having to make anything
go away, and without
judging whatever arises or
yourself (or noticing how
much you may be judging
yourself and everything else
and not judging that).

마음속 넓은 공간에 머무르면서
모든 감각, 생각, 감정이
하늘에서 구름이 떠가듯
또는 물 위에 글을 쓰듯
오고 가도록 하면서
그저 알아차림 자체에 머물며
쉴 수 있는지 살펴봅니다.

**Seeing if you can simply
rest in awareness itself —
allowing any and all
sensations, thoughts, and
emotions to come and go
like clouds in the sky or like
writing on water as you
dwell in the spaciousness
of your own heart.**

쓰듯 오고 가도록 하면서 그저 알아차림 자체에 머물며 쉴 수 있는지 살펴봅니다. 여기에서 느껴지는 모든 것을 느끼고 알게 되는 모든 것을 알 수 있도록 해 봅니다. 왜냐하면, 이미 여기 있기 때문입니다. 알아차림 자체의 광활함과 이 알아차림이 지금 이 순간 몸과 마음에서 어떻게 느껴지는지 경험해 봅니다.

이 짧은 명상을 끝내면서, 오늘 하루가 이어지는 매 순간 다음과 같은 실험을 해 봅니다. 아주 짧은 순간이라도 반복해서 이 무한하고 여유롭고 열린 알아차림을 당신 삶의 다양한 측면에 적용할 수 있는 의도를 확립해 보는 실험입니다. 진정한 교육 과정은 삶 그 자체이며, 하루를 구성하는 끊임없이 연속되는 매 순간에 온전히 존재하려는 우리의 결심이라는 것을 기억해야 합니다.

명상 #5: 짧은 바디스캔

시작하기 전에, 때로는 강렬한 감각이나 감정이 바디스캔을 방해하는 경우가 있습니다. 이때 도움이 되는 몇 가지 전략이 있습니다.

먼저, 편안하고 지지받는 느낌이 드는 자세를 취합니다. 가능하면 침대나 소파, 바닥 등 가장 편한 곳에 등을 대고 눕는 것이 좋습니다. 원한다면 의자에 앉아 바디스캔을 할 수도 있습니다. 어떤 자세를 선택하든 최대한 편안한 자세를 취합니다.

누워서 하는 경우, 누워서 하는 명상은 잠들기 위한 게 아니라 깨어있는 것을 돕기 위한 행동임을 자신에게 상기시키는 작업이 전략적으로 도움이 될 수 있습니다! 때로는 바디스캔을 하는 동안 깨어있는 상태를 유지하기 위해서, 의도적으로 눈을 뜨고 있거나 시작하기 전에 찬물로 세수를 하는 것도 좋습니다. 이 수련을 위해 완전히 깨어있는 상태를 유지하는 데 필요한 것은 무엇이든 할 가치가 있습니다. 물론 통증이나 또 다른 이유로 숙면을 취하는 데 어려움을 겪는다면 잠이 들기 위해 언제든지 바디스캔의 도움을 받을 수 있습니다. 하지만 지금 이 수련에서는 억지로 하지는 않되 최대한 깨어있는 상태를 유지해야 한다는 점을 명심해야 합니다.

다시 한번, 숨이 들어오고 나가는 몸의 감각에 의도적으로 주의를 기울입니다. … 각각의 숨이 들어올 때 배가 부드럽게 부풀어 오르는 것과 숨이 나갈 때 배가 수축하는 것을 느껴봅니다. 배가 움직이도록 무언가를 해줄 필요는 없습니다. 그저 숨이 저절로 들어오고 나가듯이 배도 스스로 움직입니다. 배를 일부러 수축하거나 밀어내면서 조절하거나 도울 필요가 없습니다. 그냥 그대로 두고 감각을 느끼는 것이 더 좋습니다.

이것은 호흡이 그 자체로 자연스럽게 흐르도록 하는 것을 의미합니다. 지금 해야 할 '과제'는 여기 누워서 **들어오는 이번 숨과 나가는 이번 숨**을 온전히 알아차리며 그저 호흡의 파도를 타는 것입니다. 그리고 가능한 한 순간순간, 호흡 하나하나에 주의가 끊어지지 않게 유지하는 것입니다. 어떤 이유로든 배에 집중하기 어렵다면 콧구멍이나 가슴 등 호흡이 가장 생생하고 쉽게 느껴지는 몸의 다른 곳에서

진정한 교육 과정은

삶 그 자체이며,

하루를 구성하는

끊임없이 연속되는 매 순간에

온전히 존재하려는

우리의 결심이라는 것을 기억해야 합니다.

Remember, the real curriculum

here is life itself, and our resolve

to be present appropriately

for the seamless continuity of

moments that make up the day.

호흡 감각을 느끼도록 합니다.

지금 이 순간 몸 어딘가에 불쾌한 감각이 강하게 느껴진다면, 강렬한 감각을 다루고 친구가 될 수 있는 여러 가지 방법이 이미 있다는 것을 염두에 두고 최선을 다해 그저 그 감각이 여기에 있도록 허용합니다. 현재 존재할 수 있는 불편함이 수련에 방해가 될 필요는 없습니다. 사실 이미 알고 있듯이, 이 불편함은 실제로 더 큰 알아차림, 수용, 자기에 대한 친절 및 전반적인 웰빙에 대한 감각을 키우는 데 있어 동반자이자 동맹자가 될 수도 있습니다. 물론 이전에 언급한 다른 전략을 언제든지 사용할 수 있습니다. 다른 방법을 시도하는 것이 옳다고 생각되는 경우, 언제든지 적절한 지침으로 돌아갑니다.

바디스캔을 하면서 다음 사항을 검토할 수 있습니다.

- 몸의 특정 부위에서 오는 불편한 감각으로 당겨지는 느낌을 알아차리며 가능한 한 안내를 따라 합니다. 그 당겨지는 느낌을 싸워야 할 대상으로 바꾸지 말고 그저 인정할 수 있는지 살펴봅니다. 가능한 한 있는 그대로 받아들이고 신체의 그 특정 부위에 다다르면 더 세심한 주의를 기울이게 될 때까지 기다려봅니다. 그 시점에서는 불편함을 온전히 알아차리고, 계속 있는 그대로 내버려 둡니다. 불편함이 당신을 놓아준다면, 움직일 때가 된 것이니 할 수 있다면 놓아주면 됩니다.

- 또는 호흡이 가장 잘 느껴지는 곳으로 가서 그 부위에서 숨을 들이마시고 그 부위에서 숨을 내쉴 수 있습니다. 호흡 감각과 가장 문제가 되는 신체 부위의 강렬한 감각, 둘 다를 **함께** 알아차립니다. 강렬하게 느껴지는 감각이 아무리 불쾌하더라도 주의가 다른 데로 옮겨갈 때까지 해 봅니다.

- 또 다른 방법은 어떤 것을 밀어내거나 추구하지 않고 순간순간 알아차림 속에서 쉬면서 떠오르는 생각과 감정에 주의를 모아 봅니다.

- 그 이상으로는 자신만의 전략을 세우고 실행하는 실험을 할 수 있으며, 이를 새로운 관점으로 자신이 주도권을 쥐고 한다는 생각으로 시도해 볼 수 있습니다.

- 모든 경우에, 신체 어느 부위를 하고 있든 다시 하는 것이 낫다면, 오디오 안내는 어디에서든 다시 시작해도 괜찮습니다.

비교적 짧은 이 바디스캔을 지속적으로 반복하면 시간이 지남에 따라 명상 안내 자체에 점점 더 익숙해질 수 있습니다. 더 어려운 신체 부분으로 다가갈 때도 가능한 한 그 부분을 친절하고 평온하며 수용적인 태도로 알아차릴 수 있게 될 것입니다. '수용(acceptance)'은 수

동적인 체념이 아니라는 것을 기억해봅니다. 수용은 그저 있는 그대로의 상황을 직접 알아차리는 것입니다. 우리가 어떤 경험과 현명하게 관계를 맺기 위해 선택하는 방법에는 다양한 가능성과 기회가 있습니다. 어떤 조건에서든 마음챙김 수련은 자신에 대한 친절과 인내를 동반하는 진지한 학습 과정이 필요합니다.

이제 바디스캔에 들어가면서, 준비가 되면 언제든지, 내쉬는 호흡에 배에서 발까지 주의를 옮겨봅니다. … 두 발에 대한 느낌을 알아차리고 순간순간 최선을 다해 그 알아차림을 유지합니다. … 발에서 느껴지는 어떤 감각에도 주의를 기울입니다. 발에서 감각이 별로 느껴지지 않는다면 무감각하다거나 감각이 별로 없다는 것에 주의를 기울입니다. 이때 어떻게 두 발에서 동시에 힘들이지 않고 알아차림을 유지할 수 있는지 살펴봅니다. 여기 누워서 호흡 감각과 발의 감각에 자신을 맡기면서 최선을 다해 알아차림 속에서 휴식을 취합니다. …

이제 아래쪽 다리와 무릎을 포함하도록 알아차림의 영역을 확장하여 여기에서 느껴지는 모든 감각을 알아차립니다. … 호흡 감각과 아래쪽 다리와 무릎의 감각을 같이 알아차려 봅니다. … 의도를 가지고 들숨에 아래쪽 다리와 무릎을 따라 숨을 들이마시고 날숨에 그 부위에서 숨을 내쉽니다. …

이제 두 다리의 윗부분으로 주의를 옮겨갑니다. … 순간순간 어떠한 감각도, 감각없음도 알아차립니다.

이제 골반으로 주의를 이동하여 골반 전체를 알아차립니다. …

호흡감각과
가장 문제가 되는 신체 부위의
강렬한 감각 둘 다를 함께 알아차립니다.
강렬하게 느껴지는 감각이
아무리 불쾌하더라도
어떤 변화가 있을 때까지 알아차려 봅니다.

Allowing your awareness to
hold both the breath
sensations *and* the intense
sensations in the body region
that is most problematic,
however unpleasant they
may be, until something
shifts, if it does.

누워 있거나 앉아 있는 표면과 닿는 지점을 포함하여 여기에 있는 모든 감각을 느껴봅니다. 여기에 누워서 그저 순간순간 한 호흡 한 호흡에 느껴지는 모든 감각과 함께 호흡만 하면 됩니다. …

이제 준비가 되면, 허리와 복부까지 포함하여 숨을 들이마시고 내쉴 때마다 배가 올라가고 내려가는 것을 다시 한번 느껴봅니다. …

이제 계속해서 등 윗부분, 갈비뼈, 어깨뼈 그리고 어깨 자체를 알아차립니다. 폐가 공기로 가득 찼다가 공기를 내보낼 때 가슴에서 느껴지는 감각을 느껴봅니다. 그리고 아주 가만히 있으면 자신의 심장 박동을 느낄 수도 있습니다. …

이제 손가락, 손바닥과 손목의 모든 감각에 주의를 기울이면서 양손의 감각을 알아보겠습니다. … 이제 손과 손목에서 아랫팔, 팔꿈치, 윗팔과 겨드랑이 그리고 다시 어깨로 알아차림이 확장되도록 합니다. … 팔과 손 전체를 알아차리며 그와 함께 지금까지 머물렀던 다른 모든 신체 부위를 느껴봅니다. 그리고 순간순간 온전한 알아차림으로 그저 여기에서 휴식을 취합니다. …

이제, 목과 목구멍을 포함하여 이 부위에서 느껴지는 모든 감각이나 감각이 느껴지지 않는다는 사실에 주의를 기울입니다. 이곳은 몸의 많은 다른 부위와 마찬가지로, 오랫동안 스트레스와 긴장을 많이 느끼는 부위입니다. …

준비가 되면, 머리와 얼굴로 주의를 이동하여 몸 전체를 온전히 알아차립니다. … 느껴지는 모든 것을 느껴봅니다. … 숨을 쉬며, 완

'수용'은
수동적인 체념이 아니라는 것을
기억해봅니다.
수용은
그저 있는 그대로의 상황을
직접 알아차리는 것입니다.

Remember that
"acceptance" doesn't mean
passive resignation.
It is simply the direct
recognition that things
are as they are.

전히 깨어있는 상태로, 알아차림 속에서 쉬면서, 자신의 얼굴에 있는 독득한 매력과 감정을 표현하거나 감추는 놀라운 능력 그리고 평온하고 평화로운 상태에서의 본래 아름다움을 음미해 봅니다.

이제는 우주에서 가장 복잡한 물질의 배열인 놀라운 뇌가 있는 두개골 전체를 알아차립니다. 바로 이 순간에 마음챙김을 계발함으로써 더욱 섬세하게 조정되는 것을 알아차립니다. …

그리고 원한다면, 다시 한번 알아차림의 범위를 넓혀 두개골과 아래턱 전체 그리고 눈, 귀, 코, 입 그리고 입술과 혀를 포함한 머리와 얼굴과 관련된 모든 감각을 순간순간 알아차립니다. …

그리고 이제 바디스캔이 끝나감에 따라, 몸 전체에서 호흡 감각을 알아차립니다. … 몸의 모든 감각과 접촉하며 무슨 감각이 어디에서 느껴지든 이 감각이 유쾌하거나 불쾌하거나, 아니면 유쾌하지도 불쾌하지도 않은지 알아봅니다. …

발뒤꿈치와 발가락, 발바닥, 손가락, 다리와 팔, 몸통 전체 그리고 머리 꼭대기까지 몸 전체를 어떻게 알아차림 안에 둘 수 있는지 살펴봅니다. 바로 이 순간에 체화된 경험의 전체 스펙트럼을 최선을 다해 인식하고 되찾아봅니다.

그리고 여기서 휴식을 취하면서, 시간을 초월한 이 순간의 고요함과 자신에게 스스로 가슴을 여는 아름다움 속에서 알아차림이 이미 존재한다는 것을 아는 그 자체가 됩니다.

여기서 휴식을 취하면서,
시간을 초월한 이 순간의 고요함과
자신에게 스스로 가슴을 여는
아름다움 속에서
알아차림이 이미 존재한다는 것을
아는 그 자체가 됩니다.

Resting here, outside of
time, in the stillness of this
moment and the beauty of
your own heart opening to
itself, just being the knowing
that awareness already is …

7장

일상생활 마음챙김

-진정한 '교육 과정'

일상생활 마음챙김
- 진정한 '교육 과정'

우리가 매일매일 그리고 매 순간마다 살아가면서 어떻게 순간에 머무는지, 어떻게 도전에 직면하는지를 보면 마음챙김이 잘 되고 있는지 알 수 있습니다. 물론 만성 통증 상태는 불편함과 그에 수반되는 모든 것들로 우리를 짓누르는 다른 모든 스트레스와 압박감을 악화시킵니다. 우리는 때때로 하루를 살아내기 위해서, 심지어 바로 눈앞에 다가오는 시간을 넘기기 위해서 정신적으로나 육체적으로 긴장하며 버티기도 합니다. 그 결과 몸과 마음에 엄청난 긴장이 수북히 쌓이게 됩니다.

마음챙김이란 실제로 우리 삶에 있어 전체적인 질이 잠식되지 않도록 그 긴장을 다루는 법을 배우는 것입니다. 우리 자신의 웰빙에 관한 지혜와 깊은 관심으로부터, 우리는 우리가 얼마나 위축돼 있고, 방어적이고, 자기중심적이며, 해로운 감정이나 자기 파괴적인 생각에 사로잡혔는지 조사해 보고 알 수 있습니다.

그리고 우리는 자신의 모습에 도전할 수 있습니다. 우리는 불편

우리가 매일매일,
그리고 매 순간마다 살아가면서
어떻게 순간에 머무는지,
어떻게 도전에 직면하는지를 보면,
마음챙김이 잘 되고 있는지 알 수 있습니다.

The true measure of
mindfulness is in how we
inhabit our moments and
face our challenges as we live
our lives from day to day and
from moment to moment.

함과 불편한 생각 및 감정에 직면하더라도 마음을 더 열 수 있을까요? 좀 더 자신에 대한 연민을 가지고, 자신을 수용하고, 다른 사람을 더 받아들이고, 더 광범위하고, 더 차분하고, 더 균형 잡히고, 더 낙관적인 사람이 될 수 있을까요? 이 마지막 수련에서는 일상생활의 모든 측면에 마음챙김을 가져오려는 의도를 설정하는 데 도움이 되는 몇 가지 조언을 합니다. 왜냐하면, 모든 것을 고려했을 때 삶 자체가 진정한 교육 과정이기 때문입니다. 또한 삶 자체는 진정한 명상 스승입니다. 그리고 진정한 명상 수련은 우리가 현재의 순간과 어떻게 관계를 맺는가에 있습니다.

6가지 마무리 제안

1. **잠에서 깼을 때, 바로 침대에서 내려오지 않습니다.**

대신 잠시 시간을 내어 자신이 깨어 있고, 오늘이 정말 새로운 날이라는 사실을 음미해 봅니다. 자신뿐만 아니라 다른 사람들을 향한 기쁨과 열린 마음으로 이 순간에 머물 새로운 기회로 가득 찬 깨어 있는 새로운 날임을 충분히 느껴봅니다. 가능한 한 편안한 자세로 등을 대고 누워 몇 분 동안 호흡의 파도에 몸을 맡기고 온몸이 숨을 쉬고 누워있음을 알아차립니다. 자신이 깨어있고 오늘이 완전히 새로운 날이라는 것을 마음으로도 가슴으로도 확인합니다.

그런 다음 이러한 과정이 어떻게 일어나는지 완전히 알아차리면

모든 것을 고려했을 때
삶 자체가 진정한 교육 과정입니다.
또한 삶 자체는 진정한 명상 스승입니다.
그리고 진정한 명상 수련은
우리가 현재의 순간과
어떻게 관계를 맺는가에 있습니다.

When all is said and
done, life itself is the real
curriculum. Life itself is the
real meditation teacher. And
how we are in relationship
to this very moment is the
real meditation practice.

서 침대에서 일어나 양치질하고, 샤워하고, 거울을 보고 또는 다른 방식으로 하루를 준비하면서 매 순간 현재에 존재하도록 합니다. 샤워할 때는 생각에 빠져 이미 자동적으로 하루 계획을 짜거나 다른 생각에 빠져버리는 것이 아니라, 피부에 닿는 물을 느끼며 실제로 샤워를 하고 있는지 살펴봅니다. 생각에 빠지면 샤워 중에 무슨 일이 일어나는지 완전히 놓치기 쉽습니다. 식사할 때는, 입안에 있는 음식을 먹고 맛보는 것을 온전히 알아차리고 있는지 살펴봅니다.

만약 함께 사는 사람이 있다면, 어떤 말투로 '좋은 아침'이라고 하는지, 어떻게 그들과 함께 지내는지 또는 '잘가'라는 말을 어떻게 하는지 알아차려 봅니다. 우리가 자동 조종 모드에 빠지면 이러한 삶의 모든 측면을 너무나 쉽게 놓치게 됩니다.

잠들기 전에, 침대에 누워 몇 분 동안 호흡과 전체적인 몸 감각에 다시 연결되는 시간을 가져봅니다. 이렇게 함으로써 하루를 시작할 때와 마무리할 때 의도적으로 명상을 하며 알아차리는 순간 사이에 하루를 끼워 넣을 수 있습니다.

2. 오늘 무슨 일이 펼쳐지든 마음챙김으로 인도합니다.

일하러 가든 집에 있든, 매 순간을 소중히 여기고 가능한 한 마음챙김을 체화하고 현재에 존재하도록 선택합니다.

샤워할 때는생각에 빠져
이미 자동적으로 하루 계획을 짜거나
다른 생각에 빠져버리는 것이 아니라,
피부에 닿는 물을 느끼며
실제로 샤워를 하고 있는지 살펴봅니다.
생각에 빠지면 샤워 중에
무슨 일이 일어났는지 완전히 놓치기 쉽습니다.

When you're in the shower,
see if you are fully in the
shower, feeling the water on
your skin, rather than being
lost in thought and already
on autopilot. … It's easy to
miss the shower completely.

3. 하루 종일 가능한 한 많은 순간에 머물러 봅니다.

자신의 한계를 알고 그 한계를 친절하게 받아들이면서 최선을 다해 자신의 몸과 친해지도록 합니다. 어떤 상태에 도달하려고 하지 않고 가장 부드럽게 다가가지만 굳은 의지를 가지고 정기적으로 그 한계를 인식하면, 이러한 한계는 흥미롭고 잠재적으로 유익한 방식으로 저절로 사라지거나 바뀔 수 있음을 기억합니다.

4. 자신이 아프더라도, 매일 다른 사람을 위해 한 가지 친절한 일을 할 수 있는지 살펴봅니다.

아주 작은 몸짓도 중요합니다. 하지만 그것이 당신 자신을 위한 교묘한 방법이 아니라 정말 상대방을 위한 것인지 확인해봅니다.

5. 감사, 관대, 친절한 태도를 적극적으로 기릅니다.

결국, 우리 모두에게는 살아갈 시간이 한정되어 있습니다. 왜 그 시간을 온전히 살지 않을까요? 감사함, 관대함 그리고 친절함에 대한 내적 또는 외적 표현은 깨어있음을 나타내는 상징입니다. 이러한 표현은 웰빙과 사랑의 촉매로 모든 것을 변화시킵니다.

6. 목숨이 달린 것처럼 매일 수련합니다.

지금쯤이면, 아마 당신은 자신의 삶이 매일의 수련에 달려 있다는 사실을 알고 있을 것입니다.

자신의 한계를 알고
그 한계를 친절하게 받아들이면서
최선을 다해
자신의 몸과 친해지도록 합니다.

Befriend your body as best
you can, knowing your limits
and bringing kindness and
acceptance to them.

결국, 우리 모두에게는
살아갈 시간이
한정되어 있습니다.
왜 그 시간을 온전히 살지 않을까요?

After all, you, like the rest
of us, only have moments
to live. Why not live
them to the fullest?

마무리

모든 호흡은 새로운 시작입니다

이렇게 우리는 함께한 시간의 끝에 도달했습니다. 하지만, 정말 그럴까요? 여기까지 왔다면, 공식 명상 수련으로서 그리고 존재 방식으로서의 마음챙김이 평생을 두고 해야 할 일이라는 사실을 깨달았을 겁니다. 마음챙김의 근원은 고대 역사 속에 있습니다. 그러나 요즘에는 의학, 심리학, 신경과학 및 기타 분야를 아우르는 새롭고 빠르게 성장하는 과학 연구 분야에서 의학 및 건강 관리에서의 가치를 점점 더 인정받고 있습니다.

마음챙김 수련은 인간의 조건에 대한 우리의 관계를 변화시키고 불필요한 괴로움에서 벗어날 수 있도록 다양하고 실용적인 방법을 제공합니다. 숨이 몸 안팎으로 계속 움직이는 한, 그리고 우리가 기회가 있을 때마다 모든 차원에서 현명하고 자비롭게 돌봐야 할 것들을 돌보는 한, 우리가 함께 여행하는 길은 계속됩니다. 그래서 이 글은 끝날 수 있지만, 수련은 결코 끝나지 않습니다. 인생은 진정한 교육 과정입니다. 몸 안으로 숨이 들어오고 나가는 한, 이 순간을 온전히 누릴 수 있습니다. 당신은 지금 호흡과 어떤 관계를 맺고 있습니까?

마음챙김 수련이
자신을 위해,
사랑하는 사람들을 위해,
그리고 당신이 너무나 소중한 일부인 세상을 위해
순간순간, 매일매일 내면과 외면에서
계속 성장하고 꽃을 피우며
삶을 풍요롭게 하길 바랍니다.

May your mindfulness practice
continue to grow and flower
and nourish your life inwardly
and outwardly from moment
to moment and from day to
day, for your own sake, for the
sake of your loved ones, and for
the sake of the world, of which
you are an inestimable part.

참고자료

다음은 지속적인 마음챙김 수련을 지원하고 확장하는 데 도움이 되는 몇 가지 참고자료입니다.

단행본

The Body Keeps the Score: Brain, Mind, and Body in the Healing of Trauma, Bessel van der Kolk (New York: Penguin, 2014).

Falling Awake: How to Practice Mindfulness in Everyday Life, Jon Kabat-Zinn (New York: Hachette, 2018).

Full Catastrophe Living: Using the Wisdom of Your Body and Mind to Face Stress, Pain, and Illness, Jon Kabat-Zinn (New York: Penguin Random House, 2013).

The Healing Power of Mindfulness: A New Way of Being, Jon Kabat-Zinn (New York: Hachette, 2018).

Meditation Is Not What You Think: Mindfulness and Why It Is So Important, Jon Kabat-Zinn (New York: Hachette, 2018).

Mindfulness for All: The Wisdom to Transform the World, Jon Kabat-Zinn (New York: Hachette, 2019).

Mindfulness for Beginners: Reclaiming the Present Moment—and Your Life, Jon Kabat-Zinn (Boulder, CO: Sounds True, 2012).

Mindfulness: A Practical Guide to Awakening, Joseph Goldstein (Boulder, CO: Sounds True, 2013).

Trauma-Sensitive Mindfulness: Practices for Safe and Transformative Healing, David A. Treleaven (New York: Norton, 2018).

Wherever You Go, There You Are: Mindfulness Meditation in Everyday Life, Jon Kabat-Zinn (New York: Hachette, 2005). The first edition was published in 1994, and a 30th-anniversary edition will come out in 2024.

마음챙김을 가르치고 집중 수련을 할 수 있는 명상 센터

Cambridge Insight Meditation Center, Cambridge, MA

Centre for Mindfulness Canada

East Bay Meditation Center, Oakland, CA

Gaia House, Newton Abbot, UK

InsightLA, Los Angeles, CA

Insight Meditation Society, Barre, MA

New York Insight Meditation Center

Spirit Rock Meditation Center, Woodacre, CA

미국 대학 내 마음챙김 센터:

마음챙김을 위한 매사추세츠 메모리얼 보건 센터

UMass Memorial Health Center for Mindfulness, ummhealth.org/center-mindfulness

브라운 대학교의 마음챙김 센터

Mindfulness Center at Brown University, brown.edu/public-health/mindfulness/home

스탠포드 대학교 마음챙김 센터

Stanford University Center for Mindfulness, bewell.stanford.edu/mindfulness-and-meditation/, stanfordhealthcare.org/medical-clinics/integrative-medicine-center.html

캘리포니아 대학교 샌디에이고 마음챙김 센터

University of California San Diego Center for Mindfulness, cih.ucsd.edu/mindfulness

위스콘신 대학교-매디슨 건강한 마음을 위한 센터

University of Wisconsin-Madison Center for Healthy Minds, centerhealthyminds.org/

UCLA 마음챙김 알아차림 연구 센터

UCLA Mindfulness Awareness Research Center, uclahealth.org/marc/

영국 대학 내 마음챙김 센터

뱅거 대학교 마음챙김 연구 및 수련 센터

Bangor University Centre for Mindfulness Research and Practice, bangor.ac.uk/mindfulness/

옥스퍼드 대학교, 옥스퍼드 마음챙김 센터

Oxford University, Oxford Mindfulness Centre, oxfordmindfulness.org/learn-mindfulness/

존 카밧진 박사는 매사추세츠 공과대학(MIT)의 노벨상 수상자인 살바도르 루리아(Salvador Luria) 연구실에서 분자생물학 박사 과정을 밟았고, 1971년 MIT에서 박사 학위를 받았습니다. 매사추세츠 대학교 의과대학 명예교수인 그는 1979년 세계적으로 유명한 마음챙김에 근거한 스트레스 완화(MBSR) 클리닉을, 1995년 의학, 건강 관리 및 사회에서의 마음챙김 센터(CFM, Center for Mindfulness in Medicine, Health Care, and Society)를 설립했습니다.

그는 현재 45개 이상의 언어로 출간된 15권의 책과 1982년부터 시작된 MBSR에 관한 일련의 연구 논문을 저술했습니다. 2021년에 발표된 55년간(1966~2021년) 마음챙김 연구의 동향과 발전에 대한 연구 결과에서 과학 문헌에서 가장 많이 인용된 마음챙김 관련 논문 10편 중 3편(3, 5, 9위)이 그의 실증 연구이며, 그가 저술한 리뷰 논문은 마음챙김에 관한 상위 10개 리뷰 논문 중 인용 횟수 2위를 기록했습니다.

그의 연구와 전 세계 동료들의 연구는 의학, 심리학, 건강 관리, 신경과학, 학교, 고등 교육, 비즈니스, 사회 정의, 형사사법, 교도소, 법률, 기술, 군대, 정부, 프로 스포츠 등 주요 기관에 마음챙김을 도입하는 데 크게 기여해 왔습니다. 현재 전 세계 700개 이상의 병원과 의료 센터에서 MBSR을 제공하고 있습니다.

그는 세계 각지에서 온·오프라인으로 마음챙김 명상 워크숍과 수련회를 지도하고 있습니다. 2020년 초 COVID-19 대유행이 급격히 확산되는 가운데, 그는 평일 90분 동안의 라이브 세션으로 이루어진 '완화 수련회(mitigation retreat)'를 3개월간 이끌었습니다. 이 66일간의 수련에는 안내 명상, 강연, 대화가 포함되어 있으며 매일 몇 천 명의 사람이 참여했습니다. 해당 세션은 youtube.com/watch?v=RqkYJfT8gsw에서 볼 수 있습니다. 추가 정보 및 자료는 jonkabat-zinn.com에 있습니다.

이 스마트폰 앱은 통증 완화를 위한 마음챙김 명상과 관련된 안내 명상을 보완하고 확장하여, MBSR과 그 밖의 다양한 마음챙김 수련을 통해 다양한 안내와 지원을 제공합니다. 이 앱에는 존 카밧진 박사의 저서 『Full Catastrophe Living(시리즈 1/스트레스에 대처하기, MBSR의 네 가지 주요 명상 수련법)』, 『Wherever You Go, There You Are(시리즈 2/일상 생활 명상)』, 『Coming to Our Senses(시리즈 3/자신과 세상 치유하기)』에서 제공되는 세 가지 주요 마음챙김 안내 명상이 있습니다. 각 명상은 5분, 10분, 20분, 30분에서 45분(MBSR 교육용)까지 자신이 낼 수 있는 시간에 따라 적절하게 사용할 수 있습니다.

이 앱은 안내 명상 이상으로도 사용할 수 있습니다. 여기에는 과거 및 진행 중인 온라인 실시간 세션은 물론, 이 책과 **초보자를 위한 마음챙김** 텍스트 및 명상을 포함하여 지속적인 수련을 지원하는 다양한 오디오, 비디오 및 텍스트 자료가 있습니다.

JKZ앱은 앱 스토어나 구글 플레이(아래 QR 코드를 스캔하세요) 또는 mindfulnessapps.com에서 쉽게 다운로드할 수 있습니다. 그러나 마음챙김 앱을 지혜롭고 수양하는 방식으로 매일 규칙적으로 사용하려면 8주간의 MBSR 프로그램에 등록하는 것과 같은 수준의 대대적인 라이프 스타일 변화가 필요합니다. 일상생활에서 규칙적으로 공식적인 마음챙김 명상 수련을 하거나 활성화하는 것은 어려운 일이며 어느 정도의 의도와 훈련이 필요합니다. 경험상, 마음챙김 명상은 깊은 치유와 의미 부여, 그리고 변화를 가져다주는 것뿐만 아니라 디지털 기기에 의한 산만함이나 중독에 대한 해독제가 될 수도 있습니다. 그러나 그것이 가능한지 확인하려면 충분한 시간 동안 매일 매일 시도해 보아야 합니다.

시간이 지남에 따라 JKZ 명상 앱은 이 책과 그리고 함께 제공되는 안내 명상에 제시된 가르침과 수련을 보완하는 유용한 도구가 될 수 있습니다.

JKZ Meditations
App Store

JKZ Meditations
Google Play

옮긴이 후기

『내 인생에 마음챙김이 필요한 순간』은 서양에서 마음챙김 명상의 대중화에 크게 기여한 존 카밧진 박사의 최신 저서로서 통증으로 고통받고 있는 분들은 물론 마음챙김 명상에 관심이 있는 분들에게 기쁜 마음으로 추천할 수 있는 양서입니다. 육체적 통증과 정신적 고통 때문에 힘들어 하는 분들 모두 이 책에서 구체적이고 실질적인 도움을 찾을 수 있을 것으로 생각합니다.

이 책은 통증이라는 삶의 근본적인 불편함을 주제로 합니다. 이 책의 저자이자 세계적인 마음챙김 지도자인 카밧진 박사는 마음챙김 명상이 어떻게 통증 완화에 도움이 되는지 매우 과학적이고 심오한 방식으로 친절하게 안내해 주고 있습니다. 보통의 경우, 통증(특히 만성 통증의 경우)은 피하기 어려울 수 있지만, 통증으로 인한 고통(괴로움)은 우리에게 달려있습니다. 왜냐하면 고통의 정도는 통증을 우리가 어떻게 받아들이는 가에 달려있기 때문입니다. 어떤 상황에서든지 정신만 차리면 우리에게는 선택할 수 있는 힘이 있습니다.

생명과학자이자 명상가인 저자는 1979년 매사추세츠 주립대학 병원에서 마음챙김에 근거한 스트레스 완화(Mindfulness-Based Stress

Reduction) 프로그램을 선보입니다. 약이나 수술 같은 현대 의학의 치료로 잘 반응하지 않는 만성 통증이 있는 환자들을 마음챙김 명상이라는 존재의 방식으로, 보완 의학의 일환으로서 돕고자 한 것입니다. 만성 통증뿐만 아니라 다양한 신체적 정신적 질병들과 관련된 꾸준한 과학적 효과 검증과 논문 발표, 참가자들의 입소문 등을 통해 40여 년 동안 진화하고 발전한 MBSR은 의료 명상의 효시이자 현대 마음챙김 명상 분야의 시그니처 프로그램으로 인정받고 있습니다.

저자는 마음챙김이 단순한 테크닉이 아니라 온전한 삶을 회복하는 심오한 '존재의 방식(A way of being)'이라고 역설하고 있습니다. 통증, 특히 만성 통증은 삶의 질을 떨어트리는 주요 원인이기에, 최악의 적이라고 불리기도 합니다. 우리가 그 통증에 진심으로 귀 기울이는 방법을 배운다면 이 최악의 적이라고 생각했던 통증이 스승이 되고, 궁극적으로 동반자이자 친구가 될 수 있을 것입니다. 우리의 경험에 진심으로 귀를 기울이고 알아차리는 것이 마음챙김입니다. 마음챙김은 삶의 다양한 풍경을 보여주고 부정적인 감정과 경험을 효과적으로 다루는 데 도움을 주며 습관적이고 편향적인 삶의 태도에서 벗어나 보다 전체적이고 풍요로운 가능성으로 깨어나게 하는 의식 훈련으로 볼 수 있습니다.

마음챙김 명상은 현대인들이 습관화된 자기 판단, 자기비판, 변화, 통제, 그리고 승리를 향한 무한경쟁 등의 자동 반응에서 벗어나, 자기 내면을 돌보고 자신을 있는 그대로 존재하도록 초대합니다. 통증(고통)을 무시하거나 없애려고 애쓰는 태도를 내려놓고 오히려 그 통증(고통)이 있는 곳으로 주의의 방향을 돌려(turning towards) 가까이 다가가는(engage) 초대를 말합니다. 자신의 선입관, 판단을 내려놓고, 진정한 관심과 호기심, 따뜻한 주의를 가지고 매 순간 통증(고통)이 우리의 몸과 마음에 어떻게 영향을 미치는지, 또 그것이 어떻게 변화하는지 알아차려야 합니다. 마음챙김 수련을 통해서 우리는 통증(고통)이 무엇인지, 몸과 마음이 어떻게 상호 작용하는지 더 깊은 차원에서 이해하게 됩니다.

마음챙김과 통증 완화라는 주제를 가지고 통증(고통)으로부터의 해방을 포함해서, 더 풍요롭고 자비롭고 광대한 삶의 가능성에 열릴 수 있도록 이끌어 주신 카밧진 박사에게 경의를 표합니다. 그리고 공역자 김정화 선생, 불광출판사와 출간의 기쁨을 함께 합니다.

2023년 겨울, 안희영

존 카밧진의
내 인생에 마음챙김이 필요한 순간
몸과 마음의 통증 완화를 위한 5가지 습관

2024년 1월 2일 초판 1쇄 발행

지은이 존 카밧진 • 옮긴이 안희영, 김정화
발행인 박상근(至弘) • 편집인 류지호 • 상무이사 김상기 • 편집이사 양동민
책임편집 최호승 • 편집 김재호, 양민호, 김소영, 하다해 • 디자인 쿠담디자인
제작 김명환 • 마케팅 김대현, 이선호 • 관리 윤정안
콘텐츠국 유권준, 정승채, 김희준
펴낸 곳 불광출판사 (03169) 서울시 종로구 사직로10길 17 인왕빌딩 301호
대표전화 02) 420-3200 편집부 02) 420-3300 팩시밀리 02) 420-3400
출판등록 제300-2009-130호(1979. 10. 10.)

ISBN 979-11-93454-29-9 (03180)

값 18,000원